crêpes
& Co.

Aux Éditions Albin Michel

Tentation glaces
Catherine Lacouberie

Une irrésistible envie de fromage
Dominique Combet - Marie Quatrehomme

Pour des raisons de lisibilité, nous avons choisi d'écrire les marques déposées avec une majuscule, sans les faire suivre du sigle™.

Tous droits réservés.
© Éditions Albin Michel, 2009
www.albin-michel.fr

Louise Denisot

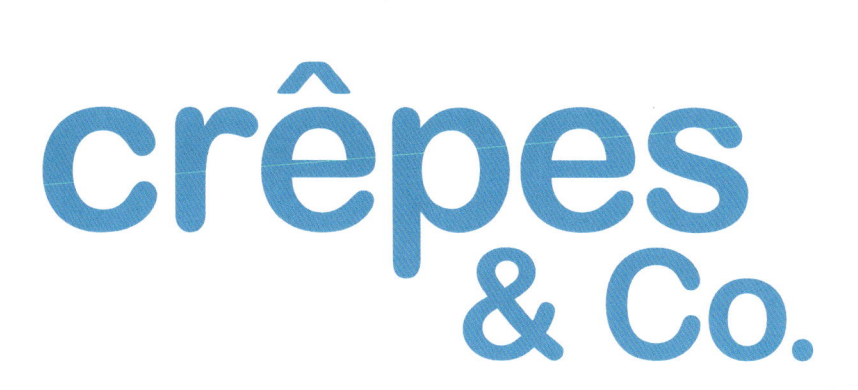

crêpes & Co.

Stylisme : Philippe Asset, Nilaya Adji
Photographies : Philippe Asset, Lisa Ange

Albin Michel

sommaire

9	Tout pour réussir vos crêpes
19	Les recettes de base
31	Les recettes salées
79	Les recettes sucrées
148	Table des recettes
149	Index par ingrédients
160	Index alphabétique des recettes
161	Des crêpes pour chaque saison
162	Des crêpes pour chaque repas
162	Des crêpes pour chaque occasion
163	Des crêpes pour tous les goûts
164	Et… mes recettes préférées
165	Pour en savoir plus sur les crêpes

crêpes & Co.

Nous avons tous un souvenir d'enfance bien personnel de crêpes, celles, généreuses et sucrées d'une grand-mère aimante, les galettes de blé noir au beurre salé croquées brûlantes, les joues rougies par les embruns de Bretagne. C'est un fait, la crêpe plaît aux petits et aux grands, mais elle n'est pas que transgénérationnelle ! Elle est aussi transcontinentale puisqu'elle existe sous toutes les latitudes : sous forme de blinis à l'est, de pancakes à l'ouest et notre classique beurre-sucre au milieu ! Elle mérite donc bien son propre livre.

Il y a de quoi voyager, et si les garnitures classiques sont toujours des réussites (confiture, chocolat, sans oublier cette chère Suzette…), les crêpes sont aussi, comme le pain, un large champ des possibles pour laisser aller son imagination : varier les farines – de blé, de sarrasin ou de châtaigne –, aromatiser les pâtes aux eaux de fleurs, aux infusions sucrées ou salées et aux sirops colorés.
Et bien sûr épater la galerie avec des créations originales du petit déjeuner avec des pancakes au riz au lait, au goûter avec un gâteau de crêpes aux fraises Tagada pour retomber en enfance ou chocolat-orange pour un dessert voluptueux…

Si la Chandeleur est l'occasion pour tous de redécouvrir les crêpes, elles méritent dignement de s'inviter plus régulièrement à nos tables sucrées ou salées, d'ici ou d'ailleurs. Une fois les quelques tournemains adoptés (ce qui vous prendra environ… un rien de temps !), à vous les appétits de petits ogres satisfaits avec gourmandise, les dîners chics épatants, les goûters réconfortants et les desserts de fêtes.

De toutes les formes (aumônières, gâteaux, lasagnes, épaisses et incrustées de fruits ou fines crêpes dentelle), à tous les parfums, de toutes les couleurs, les crêpes débarquent sur nos tables.

Alors crêpes, pancakes et autres galettes, un… deux… trois… faites sauter !

tout pour réussir
vos crêpes

Flour
Bloem
FARINE
Farina
Mehl
Harina
400g
Liquid
Vloeistof

Bien choisir les ingrédients

Les farines
À utiliser pures :
• La farine de blé (ou froment). L'idéal pour la pâte à crêpe est d'utiliser de la farine type 45, en général présentée sous le nom de farine fluide. En effet, elle est tamisée et riche en gluten, ce qui lui permet d'absorber plus de liquide et donc de donner une pâte à crêpes bien liée sans être compacte. À défaut, vous pouvez utiliser de la farine type 55, dite ordinaire, mais alors n'hésitez pas à augmenter légèrement les quantités indiquées car elle absorbe moins bien les liquides.
• La farine de sarrasin ou de blé noir.

Pour toutes les autres farines :
Vous pouvez réaliser des crêpes à base de toutes les farines existantes qui donneront une saveur particulière à toutes vos recettes ou créations : farine de châtaigne, farine de lentille, farine de quinoa. Cependant, il faudra toujours les couper avec de la Maïzena pour les alléger.
Attention cependant à la farine de riz qui doit, elle, être coupée avec une farine de froment car sinon elle donne des crêpes raides et peu colorées.

Les œufs
Utilisez des œufs frais à température ambiante. Pour cela, vous pouvez soit les sortir du réfrigérateur 30 min à l'avance ou les tremper 10 min dans l'eau tiède avant de les casser.
Les œufs utilisés pour la réalisation de recettes de ce livre sont de calibre moyen.

Les liquides
Toutes les recettes de crêpes peuvent être réalisées indifféremment avec du lait de vache entier ou demi-écrémé. Le lait entier donnera un résultat plus riche, mais vous y gagnerez en moelleux, privilégiez-le donc pour des crêpes à déguster avec une garniture légère comme des fruits ou pour de simples crêpes au sucre.

Plus léger et pour les intolérants aux produits laitiers, le lait de soja est le parfait substitut au lait de vache en matière de crêpes. Son goût neutre permet de l'utiliser à toutes les sauces ! D'autres laits peuvent être incorporés à la pâte à crêpes tout en l'aromatisant : lait de chèvre, lait d'avoine pour un petit goût qui rappelle la noisette, lait d'amande pour les crêpes sucrées. Une seule réserve : le lait de riz, très riche en eau et amidon, donne des crêpes trop sèches.

Pour donner du goût à vos crêpes et galettes, pensez également à faire infuser épices et herbes aromatiques dans le lait ou l'eau de la pâte avant de l'incorporer. Les cubes de bouillon de volaille ou de bœuf enrichiront vos crêpes salées de saveurs plus corsées.

Les astuces pour une pâte parfaite

Une pâte sans grumeaux
Quel que soit le type de pâte, creusez d'abord un puits dans la farine et le sel. Ajoutez les œufs et une petite partie du liquide. Battez jusqu'à obtenir un mélange homogène semblable à une pâte à gâteau. Ajoutez alors le reste du liquide progressivement.
En cas de grumeaux récalcitrants, vous pouvez passer la pâte à travers un tamis ou la mixer au mixeur plongeant.

Conservation et congélation de la pâte crue

La pâte à crêpes crue se conserve trois jours au réfrigérateur.

Vous pouvez congeler la pâte à crêpes en la versant dans une bouteille en plastique pour la protéger. Vous n'aurez qu'à la sortir 6 h à l'avance et à la placer au réfrigérateur avant de vous en servir.

Utilisez des petites bouteilles de 50 cl, vous décongèlerez alors la juste dose pour réaliser environ 8 crêpes.

La cuisson

Le choix du matériel

Le plus simple est d'utiliser une poêle à crêpes antiadhésive à bords courts pour bien faire sauter les crêpes.
Pour les puristes, la poêle en fonte, qui doit être bien graissée, est parfaite pour les crêpes mais aussi pour travailler ses biceps !
N'hésitez pas à réaliser toutes les recettes en version « mini » dans des poêles à blinis de 8 à 12 cm de diamètre ou « micro » dans des poêles spécifiques comportant plusieurs empreintes d'environ 5 cm de diamètre pour des bouchées apéritives.

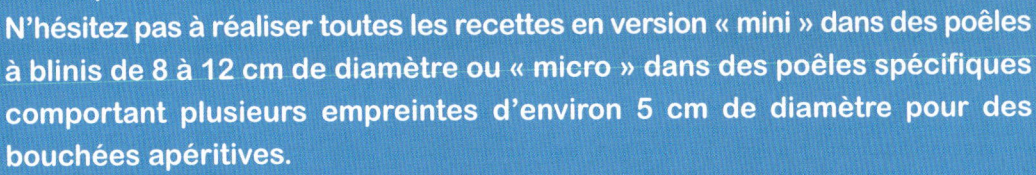

Il existe des appareils à crêpes électriques à poser au centre de la table, idéaux pour des soirées crêpes conviviales. Ils sont munis d'empreintes de petits et grands diamètres. J'ai utilisé le Crep' party Dual de Tefal sur lequel de nombreuses recettes de ce livre ont été testées.

Pour graisser la poêle

Préparez un petit bol d'huile neutre.
Coupez une pomme de terre en deux. Piquez-la avec une fourchette, trempez la surface coupée dans l'huile et badigeonnez bien votre poêle. L'amidon de la pomme de terre empêche la crêpe d'accrocher à la poêle.
En remplaçant l'huile par du beurre fondu, vous obtiendrez des crêpes au léger goût de noisette grillée.

Renouvelez l'opération systématiquement entre deux crêpes.
Vous pouvez remplacer le morceau de pomme de terre par une fourchette autour des dents de laquelle vous nouerez un petit morceau de papier absorbant.
Utilisez une poêle à crêpes antiadhésive. Vérifiez qu'elle soit bien plane car une poêle bosselée ferait coller les crêpes.

FECULE
400 Grs
350 Grs
300 Grs
250 Grs
200 Grs
RIZ
400 Grs
350 Grs
300 Grs
50 Grs

La poêle doit être bien chaude : pour tester la température, jetez-y une goutte d'eau dans la poêle, si elle grésille immédiatement, la poêle est prête.

Versez rapidement la pâte dans la poêle chaude en la soulevant au-dessus du feu ; imprimez-lui un mouvement circulaire pour étaler la pâte immédiatement sur toute la surface ; n'hésitez pas à faire goutter l'excédent de pâte dans la pâte crue pour que la crêpe ne soit pas trop épaisse. Reposez la poêle sur le feu moyen et laissez cuire en surveillant attentivement.

Retourner les crêpes ou l'art de les faire sauter

À l'aide d'une spatule plate, décollez légèrement les bords. Quand ils se décollent bien sur tout le pourtour de la crêpe, vous pouvez la retourner délicatement.
Si vous préférez faire sauter la crêpe, assurez-vous qu'elle soit bien décollée de la poêle (la spatule doit pouvoir glisser aisément jusqu'au centre). Soulevez, lancez-la (pas trop haut !) avec un coup sec du poignet et récupérez-la du bon côté.
Pour la Chandeleur (2 février), n'oubliez pas de tenir une pièce dans votre main inoccupée pour connaître fortune et prospérité au cours de l'année nouvelle.

Garder les crêpes au chaud

Dès la fin de la cuisson, faites-les glisser au fur et mesure sur une assiette que vous aurez posée sur une casserole d'eau frémissante. Recouvrez d'une autre assiette. Vos crêpes resteront ainsi chaudes mais aussi moelleuses à souhait.
Évitez le four qui les fait sécher.
En revanche, vous pouvez tout à fait les réchauffer au micro-ondes, empilées les unes sur les autres, pendant 2 min, à puissance moyenne.

Conservation et congélation des crêpes cuites

Pour réfrigérer, enveloppez les crêpes empilées dans du papier aluminium ou dans du film alimentaire et gardez au réfrigérateur deux ou trois jours maximum. Sortez les crêpes 15 min à l'avance pour qu'elles reviennent à température ambiante avant de les garnir ou de les réchauffer au micro-

Tefal
CRÊP'PARTY DUAL

ondes ou au dessus d'un bain-marie. Vous pouvez également congeler les crêpes cuites. Pour cela, intercalez une feuille de papier sulfurisé entre chaque crêpe et emballez le tout dans du papier aluminium.
Faites-les ensuite décongeler au réfrigérateur pendant 6 h. Une fois qu'elles sont dégelées, séparez-les et décollez le papier sulfurisé avant de les garnir. Attention, les crêpes qui ont été congelées sont plus fragiles et se déchirent facilement.

Réchauffer les crêpes

Pour réchauffer des crêpes pour toute une tablée de gourmands, rien de mieux que le micro-ondes : déposez les crêpes les unes sur les autres et faites-les réchauffer pendant environ 6 min à faible puissance.
Vous pouvez également les réchauffer au-dessus d'un bain-marie couvert d'un linge propre pour diffuser la chaleur et absorber l'humidité.
Pour ce qui est d'une petite envie de crêpes pour un ou deux, déposez chaque crêpe dans une poêle légèrement huilée posée sur feu doux et laissez réchauffer doucement.

L'art de flamber les crêpes

Pour tous ceux qui sont effrayés par le flambage, rassurez-vous, quelques gestes simples permettent de passer cette étape sans sueurs froides :
- faites chauffer une petite quantité de l'alcool de votre choix dans une casserole sur feu doux ;
- quand il frémit, prélevez-le à l'aide d'une louche et flambez à l'aide d'une allumette longue ou d'un allume-gaz avant de verser sur les crêpes.

Sans jeu de mots, le jeu en vaut la chandelle !

les recettes de base

Préparation : 10 min
Repos de la pâte : 30 min
Cuisson : 2 à 3 min par crêpe

Pour 15 à 20 crêpes

250 g de farine de froment
3 œufs
50 cl de lait
30 g de beurre fondu
5 cl d'huile neutre
1 cuil. à café de sel

crêpes salées à la farine de froment

- Versez la farine et le sel dans un saladier et creusez un puits au milieu. Cassez-y les œufs et commencez à fouetter. Quand cela devient difficile, ajoutez 5 cl de lait et fouettez jusqu'à ce que le mélange prenne une consistance de pâte à gâteau homogène (cette étape est la garantie anti-grumeaux !). Ajoutez enfin le reste du lait et le beurre fondu en fouettant doucement. Couvrez d'un linge propre et laissez reposer à température ambiante 30 min.
- Si vous consommez les crêpes immédiatement après cuisson, préparez un bain-marie pour les tenir au chaud et les garder moelleuses : déposez une grande assiette sur une casserole remplie au tiers d'eau, le tout sur feu doux.
- Faites chauffer une poêle à crêpes sur feu moyen, graissez-la quand elle est bien chaude.
- Versez une louche de pâte dans la poêle et répartissez-la rapidement en effectuant un mouvement circulaire de la poêle.
- Lorsque les bords de la crêpe sont cuits, vérifiez à mi-cuisson que cette dernière se décolle bien en secouant la poêle avant de la retourner, éventuellement à l'aide d'une spatule. Prolongez la cuisson de manière à ce que le recto de la crêpe soit également cuit.
- Procédez de la même façon jusqu'à épuisement de la pâte en prenant soin de graisser la poêle entre chaque crêpe. Déposez les crêpes cuites au fur et à mesure sur l'assiette posée sur le bain-marie.

Et pourquoi pas ?
- Vous pouvez remplacer la moitié du lait par de la bière blanche ou de l'eau dans laquelle vous aurez fait fondre 1/2 cube de bouillon de volaille. Vous pouvez remplacer le beurre par de l'huile d'olive dans la pâte.
- Incorporez à la pâte des épices telles que curry, paprika, piment doux, cumin moulu…

Préparation : 10 min
Repos de la pâte : 30 min
Cuisson : 2 à 3 min par crêpe

Pour 15 à 20 crêpes

250 g de farine de froment
3 œufs
50 cl de lait
30 g de beurre fondu
2 cuil. à soupe de sucre en poudre
1 sachet de sucre vanillé
1 cuil. à soupe de rhum brun (facultatif)
5 cl d'huile neutre
1 pincée de sel

crêpes sucrées à la farine de froment

- Versez la farine, les sucres et le sel dans un saladier et creusez un puits au milieu. Cassez-y les œufs et commencez à fouetter. Quand cela devient difficile, ajoutez 5 cl de lait et fouettez jusqu'à ce que le mélange prenne une consistance de pâte à gâteau homogène (cette étape est la garantie anti-grumeaux !). Ajoutez enfin le reste du lait, le rhum si vous en utilisez et le beurre fondu en fouettant doucement. Couvrez d'un linge propre et laissez reposer à température ambiante 30 min.
- Si vous consommez les crêpes immédiatement après cuisson, préparez un bain-marie pour les tenir au chaud et les garder moelleuses : déposez une grande assiette sur une casserole remplie au tiers d'eau, le tout sur feu doux.
- Faites chauffer une poêle à crêpes sur feu moyen, graissez-la quand elle est bien chaude.
- Versez une louche de pâte dans la poêle et répartissez-la rapidement en effectuant un mouvement circulaire de la poêle.
- Lorsque les bords de la crêpe sont cuits, vérifiez à mi-cuisson que cette dernière se décolle bien en secouant la poêle avant de la retourner, éventuellement à l'aide d'une spatule. Prolongez la cuisson de manière à ce que le recto de la crêpe soit également cuit.
- Procédez de la même façon jusqu'à épuisement de la pâte en prenant soin de graisser la poêle entre chaque crêpe. Déposez les crêpes cuites au fur et à mesure sur l'assiette posée sur le bain-marie.

Et pourquoi pas ?
- Vous pouvez ajouter à la pâte à crêpes de la vanille sous toutes ses formes (les graines d'une gousse, de l'extrait d'arôme, de la poudre) mais aussi de la cannelle, de la cardamome. Jouez avec les épices de votre choix en évitant de superposer les saveurs.
- Parfumez votre pâte d'un trait d'arôme de fleur d'oranger ou d'eau de rose. Remplacez le rhum par du kirsch, du Grand Marnier ou du cognac. Pensez également aux zestes d'agrumes (orange ou citron) que vous râperez finement ou encore aux huiles essentielles à diluer dans le beurre fondu.
- Faites infuser votre thé préféré dans le lait pour obtenir un arôme tout en subtilité, ou ajoutez 2 cuil. à soupe du jus de fruit de votre choix.

Préparation : 10 min
Repos de la pâte : 1 h
Cuisson : 2 à 3 min par galette

Pour 12 galettes

250 g de farine de blé noir
 (appelée farine de sarrasin)
1 œuf
60 cl d'eau
5 cl d'huile neutre
1 cuil. à café de sel de mer

galettes de blé noir
(farine de sarrasin)

- Versez la farine dans un saladier, mélangez-la au sel et creusez un puits au milieu. Cassez-y l'œuf et commencez à mélanger à l'aide d'une cuillère en bois. Quand cela devient difficile, ajoutez 5 cl d'eau tiède et mélangez jusqu'à ce qu'elle soit incorporée à la pâte. Versez doucement le reste d'eau (soit 55 cl) tout en continuant de mélanger. Couvrez d'un linge propre et laissez reposer 1 h à température ambiante.
- Si vous consommez les crêpes immédiatement, préparez un bain-marie pour les tenir au chaud et les garder moelleuses : déposez une grande assiette sur une casserole remplie au tiers d'eau, le tout sur feu doux.
- Faites chauffer une poêle à crêpes à feu moyen, graissez-la quand elle est bien chaude.
- Versez une louche de pâte dans la poêle et répartissez-la rapidement en effectuant un mouvement circulaire de la poêle.
- Lorsque de fines bulles apparaissent à la surface et que la galette se décolle de la poêle (au bout de 2 min environ), retournez-la à l'aide d'une spatule et prolongez la cuisson de 1 min de manière à ce que le recto soit également cuit.
- Procédez de la même façon jusqu'à épuisement de la pâte en prenant soin de graisser la poêle entre chaque galette, et gardez les galettes cuites au chaud sur l'assiette posée sur un bain-marie.

Et pourquoi pas ?
 - Aromatisez l'eau avec un bouillon de volaille ou de bœuf ou encore un court-bouillon en cube selon la garniture.
 - Utilisez à proportions égales lait et eau.
 - Incorporez à la pâte 1 cuil. à soupe de pastis pour donner un parfum anisé.
 - Vous pouvez ajouter à la pâte un bouquet d'herbes hachées de votre choix selon la garniture : persil, ciboulette, coriandre, estragon, aneth…

Préparation : 10 min
Repos de la pâte : 30 min
Cuisson : 3 à 4 min par crêpe

Pour 15 crêpes

120 g de farine de châtaigne
100 g de Maïzena
2 cuil. à soupe d'huile d'olive
50 cl d'eau
5 cl d'huile neutre
1 pincée de sel

crêpes à la farine de châtaigne

- Mélangez la farine, la fécule et le sel dans un saladier. Ajoutez 10 cl d'eau tiède et commencez à mélanger doucement à l'aide d'un fouet jusqu'à ce que le mélange soit homogène. Versez petit à petit 40 cl d'eau tiède et l'huile d'olive sans cesser de fouetter. La pâte doit être bien liquide. Couvrez d'un linge propre et laissez reposer à température ambiante 30 min.
- Si vous consommez les crêpes immédiatement, préparez un bain-marie pour les tenir au chaud et les garder moelleuses : déposez une grande assiette sur une casserole remplie au tiers d'eau, le tout sur feu doux.
- Faites chauffer une poêle à crêpes à feu moyen, graissez-la quand elle est bien chaude.
- Versez une louche de pâte dans la poêle et répartissez-la rapidement en effectuant un mouvement circulaire de la poêle. Faites-la la plus fine possible.
- Au bout de 1 min minimum, la crêpe se décolle facilement de la poêle : retournez-la à l'aide d'une spatule et prolongez la cuisson de 2 min.
- Procédez de la même façon jusqu'à épuisement de la pâte en prenant soin de graisser la poêle entre chaque crêpe, et gardez les crêpes cuites au chaud sur l'assiette posée sur un bain-marie.

Et pourquoi pas ?
- Vous pouvez remplacer la Maïzena par de la farine de riz mais aussi utiliser à proportions égales lait et eau.
- Ces galettes s'accommodent aussi bien d'une garniture sucrée ou salée.
- Incorporez quelques éclats de châtaignes cuites en bocal.

Préparation : 10 min
Repos de la pâte : 30 min
Cuisson : 2 à 3 min par crêpe

Pour 15 crêpes

200 g de farine de froment
50 g de Maïzena
2 œufs
25 cl de lait d'amande non sucré
30 g de beurre fondu
10 cl d'eau
5 cl d'huile neutre
1 pincée de sel

crêpes au lait d'amande

- Mélangez la farine, la fécule et le sel dans un saladier. Faites un puits au milieu et cassez-y les œufs. Ajoutez 5 cl de lait d'amande et commencez à mélanger doucement à l'aide d'un fouet jusqu'à ce que le mélange soit homogène. Versez petit à petit le reste de lait d'amande puis 10 cl d'eau froide ou tiède et le beurre fondu sans cesser de fouetter. Couvrez d'un linge propre et laissez reposer au frais 30 min.
- Si vous consommez les crêpes immédiatement, préparez un bain-marie pour les tenir au chaud et les garder moelleuses : déposez une grande assiette sur une casserole remplie au tiers d'eau, le tout sur feu doux.
- Faites chauffer une poêle à crêpes à feu moyen, graissez-la quand elle est bien chaude.
- Versez une louche de pâte dans la poêle et répartissez-la rapidement en effectuant un mouvement circulaire de la poêle. Faites-la la plus fine possible.
- Au bout de 1 min, la crêpe se décolle facilement de la poêle : retournez-la à l'aide d'une spatule et prolongez la cuisson de 1 à 2 min, selon que vous aimez les crêpes très moelleuses ou légèrement craquantes.
- Procédez de la même façon jusqu'à épuisement de la pâte en graissant la poêle entre chaque crêpe, et gardez les crêpes cuites au chaud sur l'assiette posée sur un bain-marie.

Et pourquoi pas ?
- Vous pouvez remplacer la Maïzena par de la farine de riz.
- Ces galettes s'accommodent aussi bien d'une garniture salée ou sucrée.
- Pour corser l'arôme d'amande ajoutez 3 gouttes d'arôme d'amande amère à la pâte. L'amande se marie également très bien aux fleurs de lavande séchées : ajoutez-en 1 cuil. à café dans la pâte avant de laisser reposer. Vous pouvez filtrer la pâte à travers un tamis avant de vous en servir.

Où trouver...
Le lait d'amande se trouve dans les magasins diététiques ou bio et dans les rayons diététiques ou bio des grandes surfaces.

Préparation : 10 min
Repos de la pâte : 30 min
Cuisson : 2 à 3 min par crêpe

Pour 15 à 20 crêpes

250 g de farine de froment
3 œufs
20 g de beurre fondu
30 cl d'eau
5 cl d'huile neutre
1 pincée de sel

crêpes à l'eau

- Mélangez la farine et le sel dans un saladier, creusez un puits au milieu et cassez-y les œufs. Commencez à fouetter puis ajoutez 5 cl d'eau tiède et fouettez jusqu'à ce que le mélange soit homogène. Versez petit à petit 25 cl d'eau tiède et le beurre fondu sans cesser de fouetter. Couvrez d'un linge propre et laissez reposer au frais 30 min.
- Si vous consommez les crêpes immédiatement, préparez un bain-marie pour les tenir au chaud et les garder moelleuses : déposez une grande assiette sur une casserole remplie au tiers d'eau, le tout sur feu doux.
- Faites chauffer une poêle à crêpes à feu moyen, graissez-la quand elle est bien chaude.
- Versez une louche de pâte dans la poêle et répartissez-la rapidement en effectuant un mouvement circulaire de la poêle. Faites-la la plus fine possible.
- Au bout de 1 min, la crêpe se décolle facilement de la poêle : retournez-la à l'aide d'une spatule et prolongez la cuisson de 1 à 2 min, selon que vous aimez les crêpes très moelleuses ou légèrement craquantes.
- Procédez de la même façon jusqu'à épuisement de la pâte en prenant soin de graisser la poêle entre chaque crêpe et gardez les crêpes cuites au chaud sur l'assiette posée sur un bain-marie.

Et pourquoi pas ?
- Vous pouvez aromatiser l'eau que vous utilisez en y faisant infuser des zestes d'agrumes, des fleurs d'hibiscus (pour servir avec une crème de marron), du romarin ou du thym (pour déguster avec une confiture de pêches ou d'abricots), ou la remplacer par du thé classique ou vert et servir avec des figues rôties ou au sirop.

Préparation : 10 min
Repos de la pâte : 1 h
Cuisson : 2 à 3 min par crêpe

Pour 15 à 20 crêpes

250 g de farine de froment
3 œufs
15 cl de lait
15 cl de bière blanche
20 g de beurre fondu
5 cl d'huile neutre
1 pincée de sel

crêpes à la bière

- Mélangez la farine et le sel dans un saladier, creusez un puits au milieu et cassez-y les œufs. Commencez à fouetter puis ajoutez 5 cl de lait et fouettez jusqu'à ce que le mélange soit homogène. Versez petit à petit le reste de lait, la bière et le beurre fondu sans cesser de fouetter. Couvrez d'un linge propre et laissez reposer au frais 1 h.
- Si vous consommez les crêpes immédiatement, préparez un bain-marie pour les tenir au chaud et les garder moelleuses : déposez une grande assiette sur une casserole remplie au tiers d'eau, le tout sur feu doux.
- Faites chauffer une poêle à crêpes à feu moyen, graissez-la quand elle est bien chaude.
- Versez une louche de pâte dans la poêle et répartissez-la rapidement en effectuant un mouvement circulaire de la poêle. Faites-la la plus fine possible.
- Au bout de 1 min, la crêpe se décolle facilement de la poêle : retournez-la à l'aide d'une spatule et prolongez la cuisson de 1 à 2 min, selon que vous aimez les crêpes très moelleuses ou légèrement craquantes.
- Procédez de la même façon jusqu'à épuisement de la pâte, et gardez les crêpes cuites au chaud sur l'assiette posée sur un bain-marie.

Et pourquoi pas ?
- Vous pouvez remplacer la bière par du cidre brut, délicieux avec une garniture de pommes ou de poulet.
- Vous pouvez aussi réaliser cette pâte en remplaçant la bière par de l'eau très pétillante (comme le Perrier), elle sera extra-légère mais attention, elle cuira plus vite.

Préparation : 5 min
Repos de la pâte : 30 min
Cuisson : environ 3 min par blinis

Pour 8 blinis

115 g de farine de froment
1 yaourt nature
8 cl de lait
1 œuf
1/2 cuil. à café de levure chimique
5 cl d'huile neutre

blinis express

- Fouettez l'œuf avec le yaourt et le lait. Ajoutez la farine puis la levure petit à petit sans cesser de mélanger. Laissez reposer 30 min à température ambiante.
- Faites chauffer sur feu moyen une poêle à blinis légèrement huilée. Quand elle est chaude, versez 1/2 louche de pâte. Laissez cuire environ 1 min 30 pour que des petites bulles apparaissent à la surface et que celle-ci soit prise. Retournez alors le blinis et prolongez la cuisson de 1 min. Faites glisser sur une assiette et procédez de la même façon jusqu'à épuisement de la pâte. Gardez au chaud au four préchauffé à 90 °C, porte entrouverte.
- Vous pouvez servir ces blinis en version salée ou sucrée, arrosés de sirop d'érable.

Et pourquoi pas ?
- Servez ces blinis en entrée avec du saumon fumé et une chantilly à l'aneth.
- Pour une version sucrée, troquez le yaourt nature contre des yaourts au parfum de votre choix : vanille, fruits. Pensez à les accompagner d'une salade de fruits frais, de miel de châtaignier ou de caramel au beurre salé.
- Vous pouvez congeler les blinis et les décongeler simplement en les passant au grille-pain.
- Vous pouvez réaliser les blinis avec des yaourts au soja.

Préparation : 10 min
Cuisson : 2 à 3 min par pancake

Pour 12 pancakes

125 g de farine de froment
1 œuf
15 cl de lait
10 g de beurre fondu
5 cl d'huile neutre
1 pincée de sel

pancakes

- Séparez le blanc du jaune de l'œuf. Fouettez le jaune avec le lait, le sel et le beurre fondu. Ajoutez la farine en pluie sans cesser de mélanger.
- Montez le blanc d'œuf en neige ferme au batteur électrique et incorporez-le délicatement à la pâte.
- Préchauffez le four à 90 °C.
- Faites chauffer une poêle à blinis à feu moyen, graissez-la quand elle est bien chaude.
- Versez une louche de pâte dans la poêle et répartissez-la rapidement. Étalez sur toute la surface de la poêle à l'aide du dos de la louche. Lorsque des bulles se forment à la surface et que le pancake se décolle facilement, retournez-le d'un coup sec en vous aidant d'une spatule. Prolongez la cuisson de 1 min.
- Procédez de la même façon jusqu'à épuisement de la pâte, et gardez les crêpes cuites au chaud dans un four à 90°C (th. 3) entrouvert.
- Dégustez chaud avec quelques copeaux de beurre demi-sel et arrosé de sirop d'érable.

les recettes salées

Préparation : 15 min
Repos de la pâte : 30 min
Cuisson : 2 à 3 min par galette
Repos au frais : 30 min

Pour 36 bouchées

Pour la pâte
250 g de farine de blé noir
   (farine de sarrasin)
1 œuf
60 cl d'eau
5 cl d'huile neutre
1 cuil. à café de sel de mer

Pour la garniture
300 g de pimientos del piquillo
   en conserve
50 g de pâte d'anchois
1 yaourt au lait de brebis
1 petite gousse d'ail
Sel, poivre du moulin

tapas d'anchois
et pimientos del piquillo

- Suivant la recette des galettes de blé noir (voir p. 22), préparez la pâte et laissez-la reposer 30 min à température ambiante.
- Dans une poêle légèrement huilée, versez une petite louche de pâte de manière à obtenir une mini-galette. Répétez l'opération jusqu'à obtenir 36 galettes de même format. Conservez le reste de pâte au frais pour une utilisation ultérieure ou congelez-le dans une petite bouteille en plastique.
- Préparez la garniture : écrasez la gousse d'ail pelée au presse-ail et mélangez-la intimement à la pâte d'anchois. Ajoutez le yaourt au lait de brebis et fouettez au batteur électrique. Égouttez les pimientos del piquillo et coupez-les en lanières.
- Tartinez les galettes de yaourt à l'anchois et recouvrez de lamelles de pimientos del piquillo sur toute la surface. Roulez bien serré, emballez dans du film alimentaire et mettez au frais 30 min.
- Au moment de servir, sortez les rouleaux, coupez-les en 6 bouchées chacun. Retirez le film alimentaire et fixez avec une petite pique en bois. Servez en tapas, à l'apéritif.

Et pourquoi pas ?
- Pensez à présenter ces bouchées dans de jolies cuillères apéritives.
- Vous pouvez remplacer les pimientos del piquillo par des cœurs d'artichaut à l'huile, bien égouttés et coupés en fines lamelles.
- Vous pouvez également réaliser un guacamole à la place de la pâte d'anchois. Dans ce cas, vous pouvez ajouter à ces tapas des dés de saumon fumé et de fines lamelles de radis noir.

Préparation : 15 min
Cuisson : environ 4 min par caprinette

Pour 12 caprinettes (6 personnes)

250 g de fromage blanc de chèvre
   (ou de chèvre frais)
220 g de farine de froment
2 œufs
30 cl de vin blanc sec de Touraine
2 cuil. à soupe d'huile neutre
1/2 citron non traité (zeste)
5 cl d'huile neutre

Pour accompagner
Miel d'acacia ou sirop de sucre

caprinettes de Touraine

- Dans un saladier, écrasez le chèvre frais avec le zeste râpé du demi-citron. Au besoin, délayez-le avec 1 cuil. à soupe d'eau minérale. Ajoutez la farine et fouettez pour obtenir une consistance homogène. Ajoutez le vin blanc, les 2 cuil. à soupe d'huile, les œufs et 15 cl d'eau. Fouettez à nouveau pour obtenir une pâte nappante.
- Faites chauffer une poêle à crêpes légèrement huilée et versez 1 louche de pâte de façon à ce que la crêpe soit assez fine. Retournez quand le dessus a pris et prolongez la cuisson de 1 min 30.
- Dégustez tiède, arrosé de miel d'acacia ou de sirop de sucre.
  Les caprinettes se servent en guise de fromage, comptez-en deux par personne.

Et pourquoi pas ?
- Vous pouvez remplacer le vin blanc de Touraine par un vin blanc plus sucré comme du Jurançon.
- ... remplacer le miel par un voile de sucre vanillé ?
- Pensez à parsemer les caprinettes de quelques amandes effilées préalablement torréfiées à la poêle. En saison, vous pouvez les servir avec des figues confites dans un peu de miel ou avec quelques quartiers de pommes poêlés eux aussi dans du miel.

Préparation : 15 min
Cuisson : 25 min

Pour 6 galettes

400 g de pommes de terre
150 g de farine de froment
40 g de gruyère
1 œuf
15 cl de lait entier
1 petite gousse d'ail
10 brins de ciboulette
5 cl d'huile neutre
Sel, poivre du moulin

tortilla de pommes de terre
et fromage filant

- Lavez et épluchez les pommes de terre. Râpez-les à la grosse grille au-dessus d'un saladier. Râpez également l'ail pelé et le fromage. Mélangez le tout.
- Ajoutez la farine, le lait, l'œuf préalablement battu en omelette et la ciboulette ciselée. Salez et poivrez. Fouettez vivement pour obtenir un mélange homogène.
- Faites chauffer sur feu moyen une poêle à blinis légèrement huilée et déposez-y une louche de pâte pour obtenir une galette de 5 mm environ. Laissez cuire 2 min et retournez la galette. Prolongez la cuisson de 2 min. Une fois cuite, conservez-la au chaud dans un four préchauffé à 180 °C (th. 6), porte entrouverte. Procédez de la même façon jusqu'à épuisement de la pâte.
- Dégustez chaud en garniture d'un rôti de bœuf, ou avec une salade verte pour un repas léger.

Et pourquoi pas ?
- Vous pouvez varier les fromages et remplacer le gruyère par du gorgonzola, du parmesan en copeaux (ajoutez alors à la pâte 1 pincée de pistils de safran), du cantal, du fromage de chèvre sec en éclats ou du fromage de brebis.
- Pour une présentation originale, découpez la tortilla à l'aide d'un emporte-pièce.

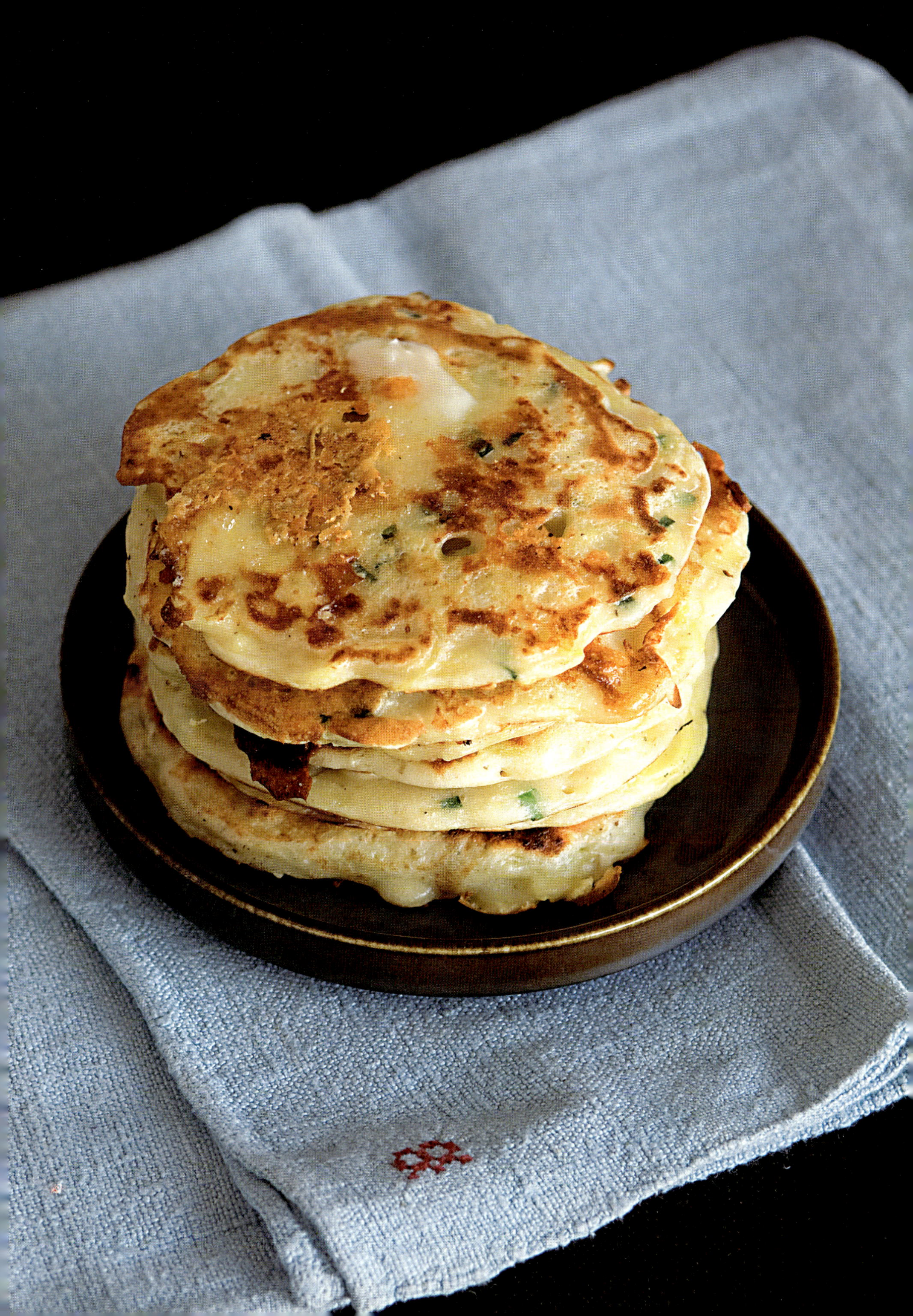

Préparation : 15 min
Repos de la pâte : 30 min
Cuisson : 4 min par crêpe

Pour 6 galettes

Pour la pâte
250 g de farine de blé noir
   (farine de sarrasin)
1 œuf
5 cl d'huile neutre
60 cl d'eau
1 cuil. à café de sel de mer

Pour la garniture
6 tranches fines de jambon blanc
6 œufs
100 g de gruyère râpé
Beurre demi-sel

la complète au sarrasin

- Suivant la recette des galettes de blé noir (voir p. 22), préparez la pâte et laissez-la reposer 30 min à température ambiante.
- Faites chauffer une poêle légèrement huilée, versez une louche de pâte dans la poêle et répartissez-la rapidement en effectuant un mouvement circulaire de la poêle.
- Lorsque de fines bulles apparaissent à la surface et que la galette se décolle de la poêle (au bout de 2 min environ), retournez-la à l'aide d'une spatule.
- Beurrez légèrement la galette et cassez 1 œuf dessus. Répartissez délicatement le blanc pour qu'il ne soit pas trop épais. Déchirez une tranche de jambon au-dessus du blanc et parsemez de gruyère râpé. Rabattez les bords de la crêpe pour laisser apparaître uniquement le jaune de l'œuf. Laissez cuire 1 min supplémentaire. Le but est de cuire le recto de la galette, l'œuf et de faire fondre le gruyère. Faites glisser sur une assiette et servez chaud avec une salade verte.
- Procédez de la même façon jusqu'à obtenir 6 crêpes en prenant soin de graisser la poêle entre chaque galette. Conservez le reste de pâte au frais pour une utilisation ultérieure ou congelez-le dans une petite bouteille en plastique.

Et pourquoi pas ?
- Vous pouvez réaliser ces galettes en version mini, en utilisant une poêle à blinis et des œufs de caille.
- Vous pouvez réaliser cette galette également avec des crêpes salées à la farine de froment (voir p. 20) ou des crêpes à la farine de châtaigne (voir p. 23).
- Sans renier la tradition, modifiez un peu la recette initiale en réalisant des œufs brouillés au jambon, en troquant le gruyère râpé contre du pecorino et le jambon blanc contre de la pancetta et en ajoutant à la garniture, une fois la cuisson achevée, quelques feuilles de persil ciselées.

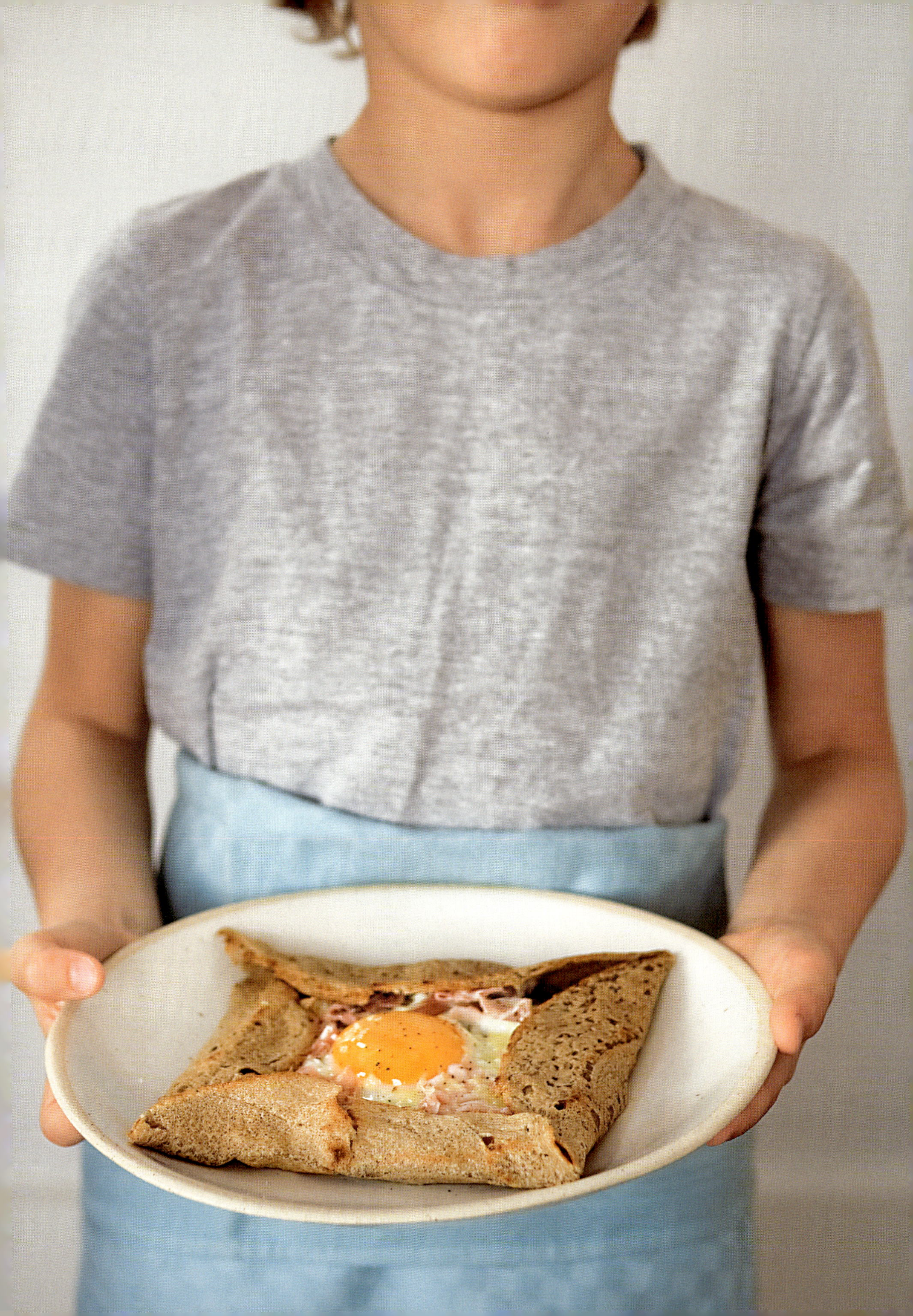

Préparation : 20 min
Repos de la pâte : 30 min
Cuisson : 2 à 3 min par galette + 20 min

Pour 25 bouchées

Pour la pâte
250 g de farine de blé noir
   (farine de sarrasin)
1 œuf
60 cl d'eau
5 cl d'huile neutre
1 cuil. à café de sel de mer

Pour la garniture
300 g de viande d'agneau hachée
1 petite carotte
5 gros pruneaux
2 échalotes
1 cm de gingembre frais
1 gousse d'ail
1/2 bouquet de coriandre
1/2 citron non traité (zeste)
2 cuil. à soupe d'huile neutre
Sel, poivre du moulin

mini-bouchées orientales à l'agneau

- Suivant la recette des galettes de blé noir (voir p. 22), préparez la pâte et laissez-la reposer 30 min à température ambiante.
- Dans une poêle légèrement huilée, versez une petite louche de pâte de manière à obtenir une mini-galette (5 cm de diamètre). Répétez l'opération jusqu'à obtenir 25 galettes de même format. Conservez le reste de pâte au frais pour une utilisation ultérieure ou congelez-le dans une petite bouteille en plastique
- Préchauffez le four à 180 °C (th. 6).
- Préparez la garniture : lavez et grattez la carotte puis râpez-la à la grosse grille. Mettez la viande dans un saladier, ajoutez la carotte râpée, le zeste râpé du demi-citron. Dénoyautez les pruneaux et hachez-les. Ajoutez-les à la viande ainsi que la coriandre ciselée, les échalotes et l'ail émincés et le gingembre râpé. Salez, poivrez et mélangez intimement le tout. Réservez.
- Faites chauffer l'huile dans une sauteuse, à feu vif. Quand elle est chaude, mettez-y le hachis et remuez souvent pour bien le défaire et le cuire uniformément pendant 10 min.
- Déposez 1 cuil. à café de garniture à l'agneau au centre d'une mini-galette et rassemblez les bords pour former une aumônière. Fixez à l'aide d'une pique en bois. Mettez-la dans un plat allant au four. Procédez de la même façon pour les autres mini-bouchées. Vous pouvez aussi foncer des mini-moules à muffin avec les mini-galettes et ajouter 1 cuil. à café de garniture (cf. photo ci-contre) avant d'enfourner.
- Enfournez pour 10 min de cuisson avant de déguster à l'apéritif ou en entrée (par trois) avec une salade verte.

.../...

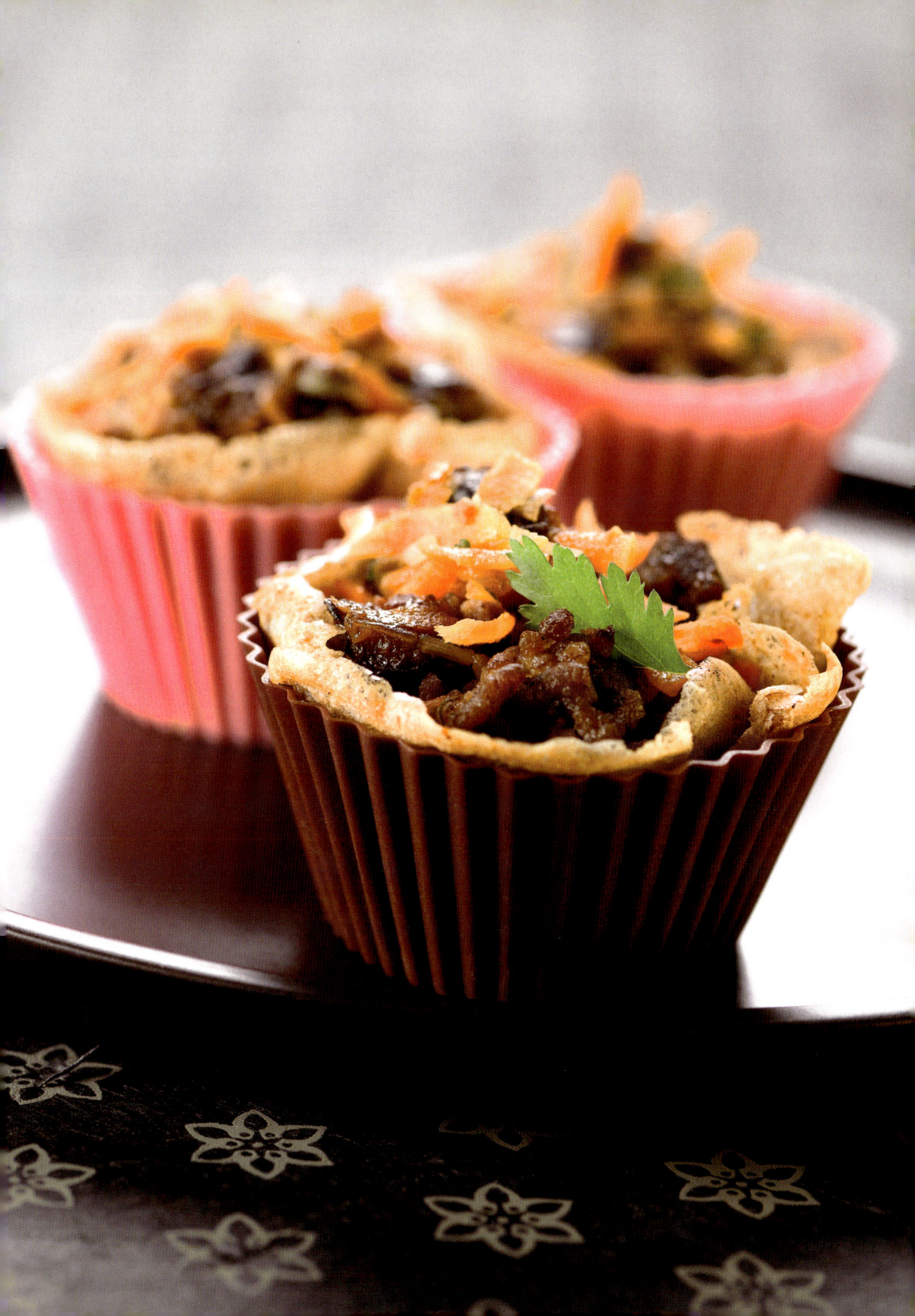

…/…

Astuce. Si vous ne disposez pas d'une poêle à blinis ou à pancakes, utilisez une grande poêle à crêpes et formez plusieurs galettes d'environ 12 cm de diamètre que vous ferez cuire en même temps dans la poêle.

Et pourquoi pas ?
- Vous pouvez remplacer la viande d'agneau par du bœuf haché ou du veau haché et remplacer les pruneaux par des figues sèches bien moelleuses. Pensez également à ajouter à la garniture 1 pincée de cumin, de cannelle ou de curry et pour plus de douceur 1 cuil. à soupe de poudre d'amande.
- Sur le même principe, proposez une garniture poulet-citron confit-coriandre ou steak haché-échalotes-pistaches.
- Vous pouvez utiliser 1 brin de ciboulette pour nouer vos mini-aumônières.
- Accompagnez ces mini-bouchées d'une sauce au yaourt : mélangez 1 yaourt blanc crémeux, de la coriandre ciselée, 1 trait de jus de citron, 1 pincée de cumin ou de curry, du sel.
- Il est possible de réaliser les crêpes et la garniture en avance. Au dernier moment, il ne vous restera plus qu'à assembler le tout et à passer au four pour 10 min de cuisson.

Préparation : 10 min
Repos de la pâte : 30 min
Cuisson : 27 min

Pour 6 crêpes

Pour la pâte
120 g de farine de châtaigne
100 g de Maïzena
2 cuil. à soupe d'huile d'olive
50 cl d'eau
5 cl d'huile neutre
1 pincée de sel

Pour la garniture
750 g de patates douces
 (3 petites ou 2 grosses)
25 cl de crème d'avoine
2 oignons rouges
2 échalotes
1 cuil. à soupe d'huile neutre
Sel, poivre du moulin

crêpes de châtaigne aux patates douces
et oignons rouges

- Suivant la recette des crêpes à la farine de châtaigne (voir p. 23), préparez la pâte et laissez-la reposer 30 min à température ambiante.
- Préparez la garniture : lavez et pelez les patates douces. Coupez-les en gros cubes d'environ 1,5 cm de côté. Épluchez les oignons et les échalotes, émincez-les finement.
- Faites chauffer l'huile dans une sauteuse sur feu doux. Ajoutez oignons et échalotes et laissez cuire environ 7 min sans coloration pour qu'ils deviennent translucides. Ajoutez alors les cubes de patates douces, augmentez le feu et faites-les cuire 10 min à couvert en surveillant et en mélangeant régulièrement. Retirez le couvercle, baissez le feu, ajoutez la crème d'avoine, salez, poivrez et laissez cuire encore 10 min.
- Pendant ce temps, préparez un bain-marie : déposez une grande assiette sur une casserole remplie au tiers d'eau, le tout sur feu doux.
- Dans une poêle légèrement huilée, faites cuire 6 crêpes. Gardez les crêpes au chaud sur l'assiette posée sur un bain-marie. Conservez le reste de pâte au frais pour une utilisation ultérieure ou congelez-le dans une petite bouteille en plastique.
- Garnissez les crêpes de cette préparation et servez sans attendre avec une salade verte.

Et pourquoi pas ?
 - Vous pouvez remplacer la crème d'avoine par de la crème de soja ou de la crème liquide classique.
 - ... réaliser la même recette avec du potiron ? Si vous le souhaitez, ajoutez quelques épices comme le paprika, le curry, le garam masala ou la noix muscade.
 - Cette recette est également délicieuse avec des galettes de blé noir (voir p. 22).

Où trouver...
 Vous trouverez la crème d'avoine dans les épiceries diététiques et biologiques.

Les recettes salées

Préparation : 15 min
Cuisson : 5 min par crêpe

Pour 2 grandes crêpes (4 personnes)

1 tranche épaisse de jambon blanc
 ou 1 talon de 100 g
100 g de petits pois frais cuits
100 g de farine de froment
2 œufs
25 cl de lait entier
1 cuil. à soupe d'huile d'olive
10 feuilles de menthe
1/2 citron non traité (zeste)
5 cl d'huile neutre
1 cuil. à café de sel
Sel, poivre du moulin

crêpes à pois

- Coupez le jambon blanc en petits dés. Ciselez les feuilles de menthe. Râpez le zeste du demi-citron. Réservez.
- Versez la farine et 1 cuil. à café de sel dans un saladier, mélangez et formez un puits. Cassez les œufs au milieu et commencez à fouetter. Quand cela devient difficile, ajoutez 5 cl de lait et fouettez à nouveau. Quand la consistance devient homogène, ajoutez petit à petit le reste de lait, l'huile d'olive puis le zeste du demi-citron, la menthe ciselée, les dés de jambon et les petits pois. Salez, poivrez et mélangez délicatement.
- Faites chauffer à feu moyen une grande poêle à fond épais légèrement huilée. Versez la moitié de la pâte aux petits pois et jambon et laissez cuire 3 min. Quand le dessus a pris, retournez délicatement la crêpe à l'aide d'une spatule ou d'une assiette. Prolongez la cuisson à feu doux pendant 2 min.
- Procédez de la même façon pour le restant de pâte.
- Servez ces 2 grandes crêpes sur 2 plats et accompagnez de mesclun.

Et pourquoi pas ?
- Vous pouvez réaliser ces crêpes sans jambon et ajouter à la pâte un petit cabécou râpé à la grosse grille ou utiliser du lait de chèvre à la place du lait de vache : le chèvre s'accommode très bien avec les petits pois et le citron.
- Vous pouvez également remplacer les petits pois par des fèves fraîches cuites et le jambon blanc par du jambon de Parme effiloché.

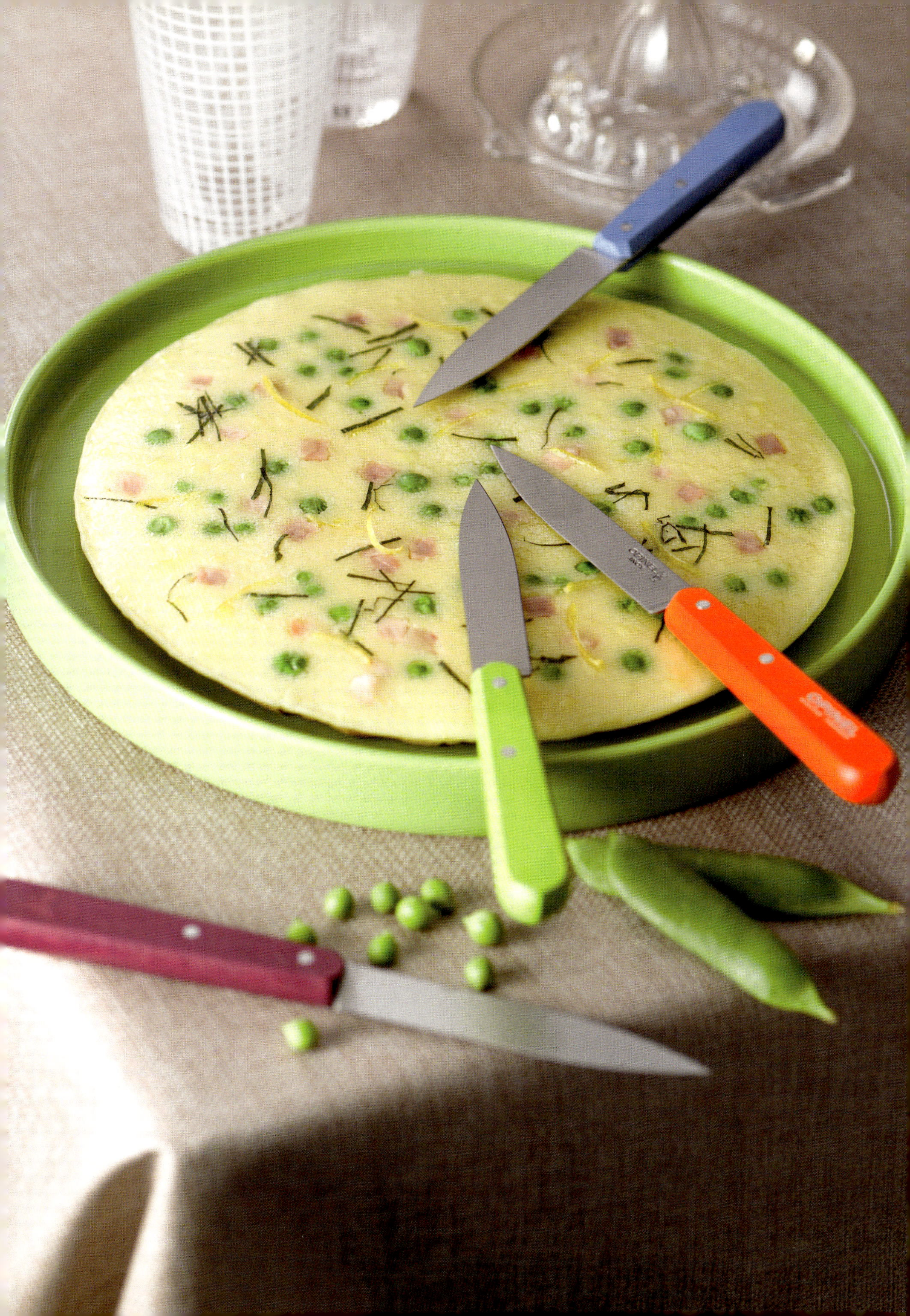

Préparation : 10 min
Cuisson : 3 min par galette

Pour 4 galettes

Pour la pâte
75 g de farine de froment
25 g de farine de lentille verte du Berry
1 œuf
20 cl de lait de soja
1 cuil. à soupe d'huile neutre
1 pincée de sel

Pour la garniture
16 tranches très fines
  d'andouille de Guéméné
15 g de beurre demi-sel
Poivre noir du moulin

galettes à la farine de lentille
et andouille de Guéméné

- Versez les farines et le sel dans un saladier. Versez 5 cl de lait de soja. Mélangez. Quand cela devient difficile, ajoutez petit à petit le reste du lait, l'œuf puis l'huile. Confectionnez 4 galettes dans une poêle à crêpes légèrement huilée, en cuisant 2 min de chaque côté. Conservez le reste de pâte au frais pour une utilisation ultérieure ou congelez-le dans une petite bouteille en plastique.
- Retirez la peau de l'andouille et tranchez-la le plus finement possible puis réservez.
- Faites réchauffer une galette dans une poêle à feu doux, lorsque la surface est chaude, dispersez-y quelques copeaux de beurre demi-sel, placez harmonieusement des lamelles d'andouille au centre de la galette. Rabattez 2 bords à moitié pour laisser la garniture apparente. Poivrez généreusement au moulin et faites glisser sur une assiette. Procédez de la même façon pour les 3 autres galettes.
- Dégustez tiède.

Et pourquoi pas ?
  - Vous pouvez ajouter sous l'andouille quelques lamelles d'oignon rouge cru ou un lit d'oignons compotés.
  - Vous pouvez aussi bien réaliser cette recette avec des galettes de blé noir (voir p. 22) et remplacer le lait de soja par le lait de vache.

Où trouver...
  On trouve la farine de lentille verte dans les magasins diététiques ou bio.
  Vous pouvez la remplacer par de la farine de sarrasin.

Préparation : 15 min
Repos de la pâte : 1 h
Cuisson : 2 à 3 min par galette + 25 min

Pour 8 galettes

Pour la pâte
250 g de farine de blé noir
  (farine de sarrasin)
1 œuf
60 cl d'eau
5 cl d'huile neutre
1 cuil. à café de sel de mer

Pour la garniture
8 tranches de jambon blanc
100 g de gruyère râpé
45 g de beurre doux
30 g de farine
40 cl de lait de soja (ou de vache)
1/2 cuil. à café de noix muscade rapée
Sel, poivre du moulin

gratin de galettes au jambon

- Suivant la recette des galettes de blé noir (voir p. 22), préparez la pâte et laissez-la reposer 30 min à température ambiante. Dans une poêle légèrement huilée, faites cuire 8 galettes. Conservez le reste de pâte au frais pour une utilisation ultérieure ou congelez-le dans une petite bouteille en plastique.
- Préparez la béchamel : faites fondre 30 g de beurre dans une casserole sur feu doux. Quand il est mousseux, ajoutez la farine d'un coup et fouettez vivement pour que le mélange soit homogène et doré (environ 2 min). Ajoutez alors le lait de soja (ou de vache) petit à petit et continuez de fouetter jusqu'à épaississement (environ 5 min). Retirez du feu et ajoutez la noix muscade et 75 g de fromage râpé. Salez légèrement et poivrez. Mélangez de nouveau.
- Préchauffez le four à 200 °C (th. 6-7).
- Couvrez 1 galette avec 2 bonnes cuil. à soupe de béchamel, puis 1 tranche de jambon. Roulez et déposez dans un plat à gratin beurré. Procédez de la même façon avec les 7 autres galettes et rangez-les bien serrées dans le plat. Parsemez du reste de fromage râpé et de beurre en copeaux.
- Enfournez pour 15 min.
- Servez les galettes dès la sortie du four, accompagnées d'une salade verte pour un repas complet.

Et pourquoi pas ?
- Pour un plat encore plus complet, ajoutez à la béchamel au fromage 6 champignons de Paris émincés préalablement cuits rapidement à la poêle avec 5 g de beurre et quelques gouttes de jus de citron.
- Pour une version végétarienne, remplacez les tranches de jambon par un mélange de légumes du soleil grillés surgelés préalablement décongelés au micro-ondes.
- Faites voyager vos convives en donnant à ces galettes des parfums d'ailleurs. Pour une note espagnole, troquez le jambon blanc contre du serrano et le gruyère râpé contre de fines tranches de manchego. Une envie d'Italie ? Optez pour le jambon de Parme ou le San Daniele et pour le parmesan ou le pecorino.

Les recettes salées

Préparation : 25 min
Cuisson : 10 min

Pour 6 blinis

Pour la pâte
75 g de polenta instantanée
50 g de farine de froment
1 œuf
10 cl de lait
10 cl de crème liquide
5 cl d'huile neutre
1 cuil. à soupe d'huile d'olive
1 cuil. à café de fleur de sel

Pour les cèpes
400 g de petits cèpes frais ou surgelés
1/2 bouquet de persil plat
1/2 citron non traité (zeste)
1 gousse d'ail
15 g de beurre
Sel, poivre du moulin

blinis moelleux de polenta aux cèpes

- Préparez la pâte : versez la farine, la polenta instantanée et le sel dans un saladier. Séparez le blanc du jaune de l'œuf et versez le jaune dans le mélange précédent. Mélangez et ajoutez petit à petit le lait, la crème liquide et l'huile d'olive sans cesser de remuer. La pâte doit être assez épaisse. Montez le blanc d'œuf en neige au batteur électrique et incorporez-le délicatement à la pâte. Laissez reposer le temps de préparer les cèpes.
- Préparez les cèpes : grattez-les sous l'eau si besoin sans les faire tremper : ils se gorgeraient d'eau. Coupez-les en fines lamelles.
- Ciselez grossièrement le persil. Pelez et hachez la gousse d'ail. Prélevez le zeste du demi-citron puis hachez-le.
- Faites chauffer une poêle sur feu vif et faites-y fondre le beurre. Quand il est mousseux, ajoutez les cèpes et faites-les sauter pendant 5 min. Baissez le feu et prolongez la cuisson de 5 min en mélangeant souvent. Parsemez de persil, d'ail et de zeste hachés. Salez, poivrez et gardez au chaud.
- Faites cuire les blinis de polenta : faites chauffer sur feu moyen une poêle à blinis légèrement huilée. Versez 1/2 louche de pâte pour former un blinis de 5 mm d'épaisseur environ. Laissez cuire jusqu'à ce que le dessus du blinis soit cuit et retournez-le. Prolongez la cuisson de 1 min et faites glisser sur une assiette. Procédez de la même façon jusqu'à épuisement de la pâte. Gardez les blinis au chaud dans un four préchauffé à 80 °C (th. 3), porte entrouverte.
- Déposez un blinis de polenta dans l'assiette de service et couvrez d'une rosace de cèpes chauds. Servez en entrée.

Astuce. Si vous ne disposez pas d'une poêle à blinis ou à pancakes, utilisez une grande poêle à crêpes et formez plusieurs galettes d'environ 8 cm de diamètre que vous ferez cuire en même temps dans la poêle.

Et pourquoi pas ?
- Remplacez les cèpes par des girolles, des trompettes de la mort ou des champignons moins onéreux : mousserons, pleurotes ou même des champignons de Paris.
- Vous pouvez ajouter aux cèpes 1 poignée de cerneaux de noix concassés ou, à la fin de la cuisson, 1 filet d'huile de noix.

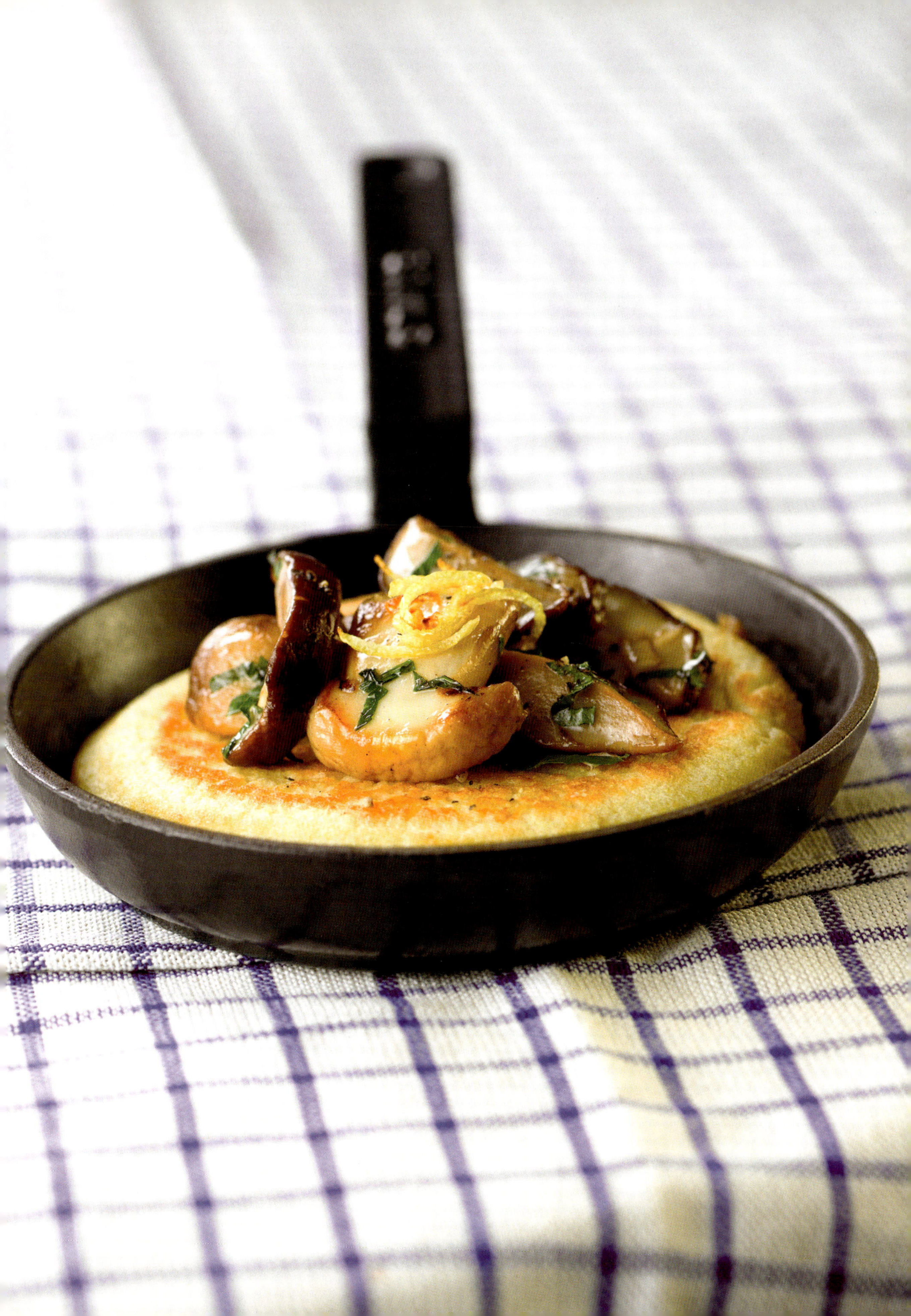

Préparation : 5 min
Repos de la pâte : 30 min
Cuisson : 2 à 3 min par galette + 25 min

Pour 4 galettes

Pour la pâte
250 g de farine de blé noir
   (farine de sarrasin)
1 œuf
1 cuil. à café de sel de mer
60 cl d'eau
5 cl d'huile neutre

Pour la garniture
4 blancs de poulet (environ 600 g)
2 petites tomates
40 cl de lait de coco non sucré
4 échalotes
1 petit piment frais
1 citron non traité (zeste)
1 cuil. à soupe d'huile neutre
Sel

cornets exotiques au poulet coco

- Suivant la recette des galettes de blé noir (voir p. 22), préparez la pâte et laissez-la reposer 30 min à température ambiante.
- Préparez la garniture : pelez et hachez les échalotes. Coupez les blancs de poulet en fines lamelles. Râpez le zeste du citron. Épépinez le piment et hachez-le. Coupez les tomates non épépinées en petits cubes.
- Faites chauffer une sauteuse sur feu moyen avec l'huile, ajoutez les échalotes et laissez cuire jusqu'à ce qu'elles deviennent translucides. Ajoutez les lamelles de poulet et faites dorer sur toutes les faces pendant 4 min. Salez. Versez le lait de coco, le zeste de citron. Ajoutez le piment haché. Enfin, ajoutez les cubes de tomates. Laissez cuire à petits bouillons pendant 15 min.
- Pendant ce temps, préparez un bain-marie : déposez une grande assiette sur une casserole remplie au tiers d'eau, le tout sur feu doux.
- Dans une poêle légèrement huilée, faites cuire 4 galettes. Gardez les crêpes au chaud sur l'assiette posée sur un bain-marie. Conservez le reste de pâte au frais pour une utilisation ultérieure ou congelez-le dans une petite bouteille en plastique.
- Déposez une galette chaude par assiette, garnissez de un quart de la garniture et repliez en cornet. Procédez de la même façon pour les 3 autres galettes et servez chaud.

Astuce. Pensez à porter des gants lorsque vous épépinez et hachez le piment pour éviter les mauvaises surprises.

Et pourquoi pas ?
- Ajoutez une tige de citronnelle hachée à la sauce pour un parfum plus prononcé et/ou de la noix de coco râpée à la garniture.
- Vous pouvez remplacer le poulet par 1 blanc de dinde ou 1 escalope de veau coupés en cubes.
- Vous pouvez réaliser cette recette avec des crêpes salées à la farine de froment (voir p. 20).

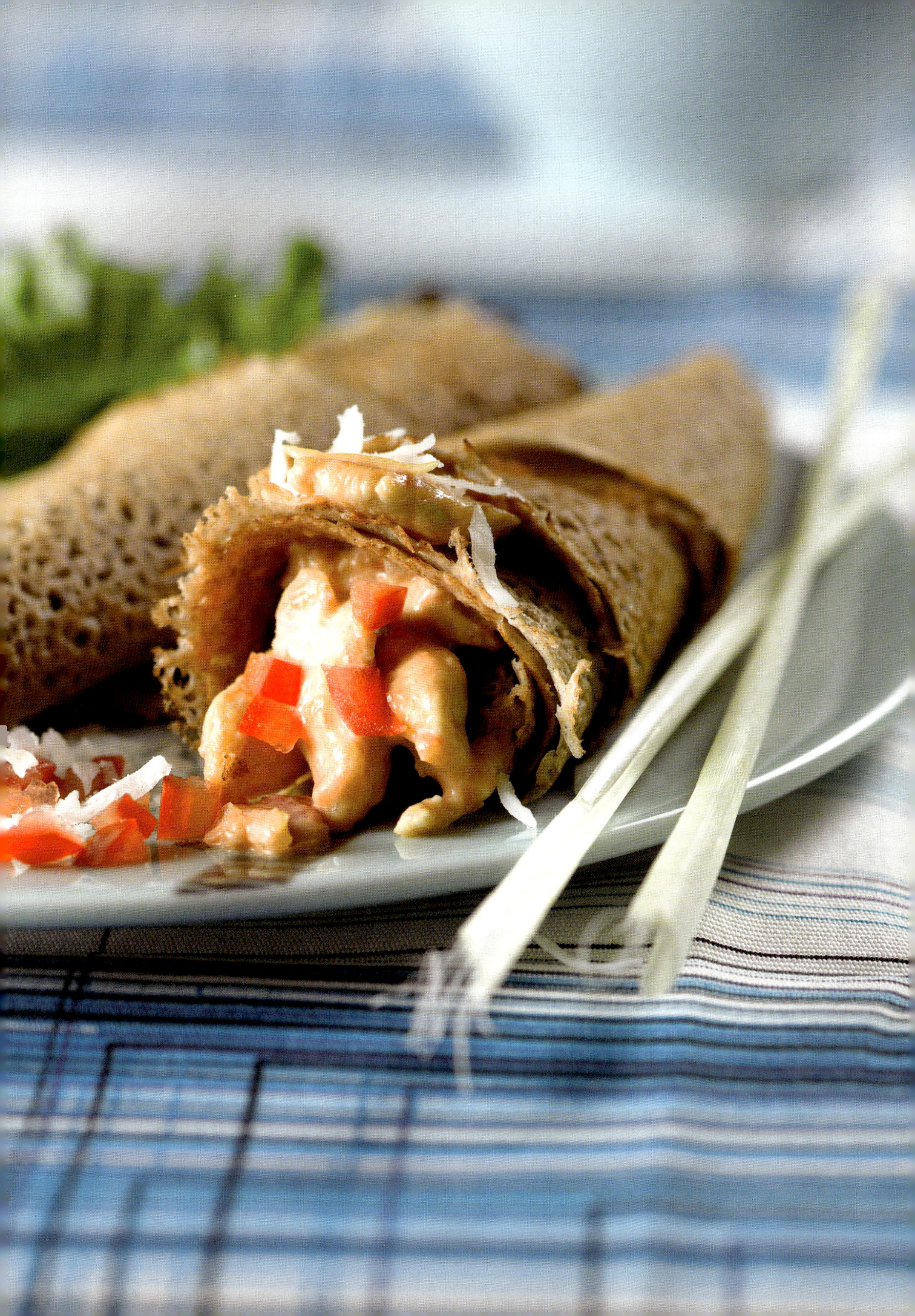

Préparation : 5 min
Repos de la pâte : 30 min
Cuisson : 2 à 3 min par galette + 1 min

Pour 4 galettes

Pour la pâte
250 g de farine de blé noir
   (farine de sarrasin)
1 œuf
60 cl d'eau
5 cl d'huile neutre
1 cuil. à café de sel de mer

Pour la garniture
60 g d'Ossau-Iraty
   (fromage de brebis)
4 cuil. à soupe de confiture
   de cerises noires

galettes basques au fromage de brebis
et confiture de cerises noires

- Suivant la recette des galettes de blé noir (voir p. 22), préparez la pâte et laissez-la reposer 30 min à température ambiante. Dans une poêle légèrement huilée, faites cuire 4 galettes. Conservez le reste de pâte au frais pour une utilisation ultérieure ou congelez-le dans une petite bouteille en plastique.
- Préparez la garniture : émiettez le fromage de brebis ou coupez-le en copeaux à l'aide d'un économe.
- Déposez une galette cuite sur feu doux dans la poêle chaude, tartinez-la de 1 cuil. à soupe de confiture de cerises noires sur toute sa surface, puis dispersez un quart du fromage. Dès qu'il commence à fondre, rabattez les 4 bords de la galette et faites glissez sur une assiette. Procédez de la même façon avec les 3 autres galettes.
- Dégustez tiède à la fin d'un repas en guise de fromage.

Et pourquoi pas ?
   - Remplacez la confiture de cerises noires par de la confiture de figues, de la gelée de coing ou de piment d'Espelette.
   - À défaut d'Ossau-Iraty, choisissez un bon fromage de chèvre.
   - Vous pouvez réaliser la même recette en utilisant un très bon comté et de la confiture de myrtilles ou de mûres.

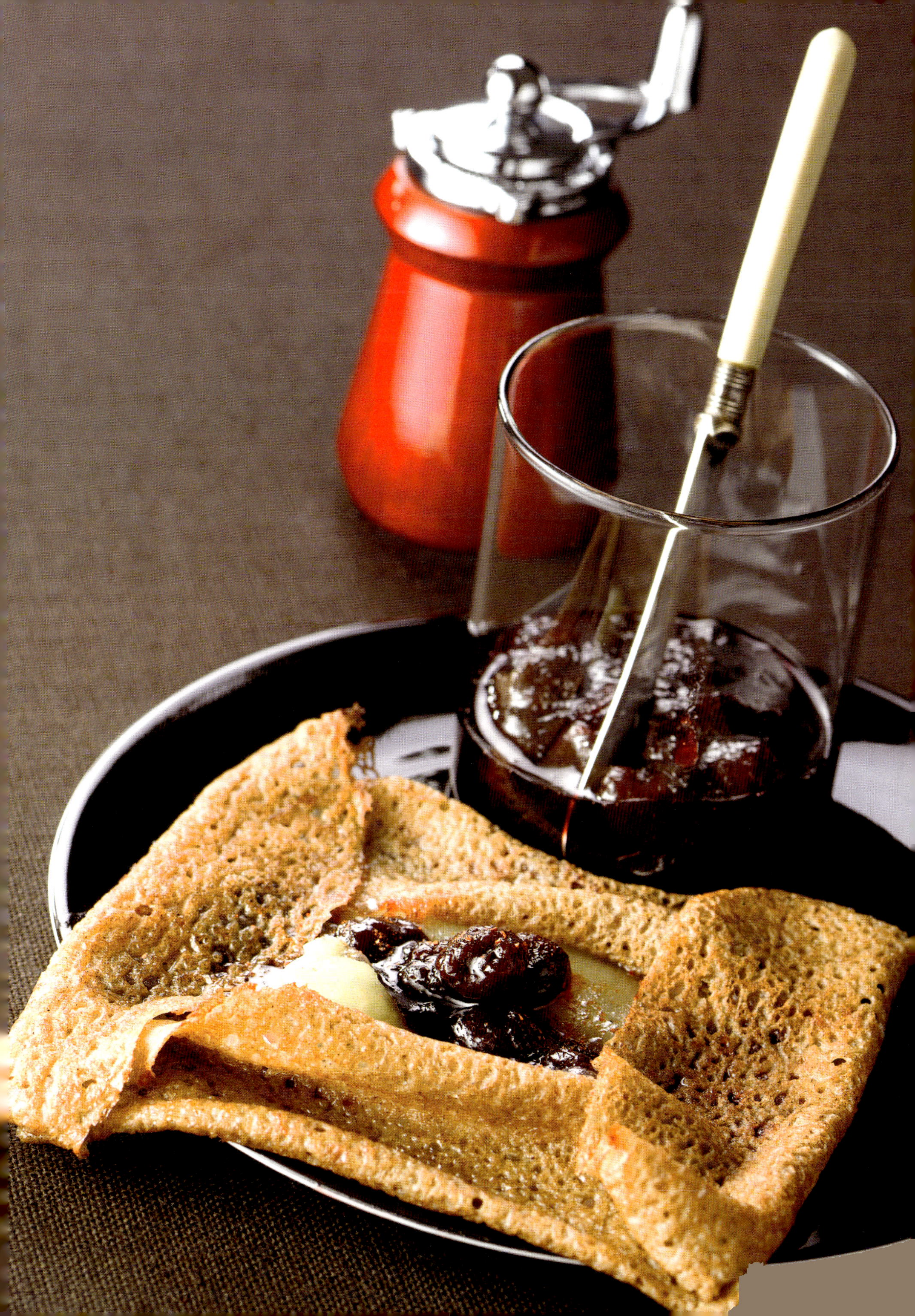

Préparation : 15 min
Repos de la pâte : 30 min
Refroidissement : 30 min
Cuisson : 18 min + 3 min par crêpe

Pour 24 bouchées

Pour la pâte
120 g de farine de châtaigne
100 g de Maïzena
1 cuil. à soupe de pastis
2 cuil. à soupe d'huile d'olive
50 cl d'eau
5 cl d'huile neutre
1 pincée de sel

Pour la garniture
500 g de carottes
4 petites pommes de terre
1 bouquet d'estragon
1 cuil. à soupe de graines de moutarde
1 cuil. à café de graines d'anis
5 cl d'huile d'olive
Sel, poivre du moulin

bouchées châtaigne - carotte - pastis

- Suivant la recette des crêpes à la farine de châtaigne (voir p. 23), préparez la pâte et laissez-la reposer 30 min à température ambiante.
- Dans une poêle légèrement huilée, versez une petite louche de pâte de manière à obtenir une mini-galette. Répétez l'opération jusqu'à obtenir 24 galettes de même format. Conservez le reste de pâte au frais pour une utilisation ultérieure ou congelez-le dans une petite bouteille en plastique.
- Préparez la garniture : lavez les carottes et les pommes de terre, épluchez-les et coupez-les en petits dés. Mettez-les dans une casserole d'eau froide salée et mettez à cuire. Ajoutez les graines de moutarde et laissez cuire 15 min (les légumes doivent être bien cuits).
- Égouttez et passez au presse-purée. Remettez dans la casserole et faites sécher sur feu doux 3 min en remuant sans cesse. Ajoutez l'huile d'olive sans cesser de remuer, puis les graines d'anis. Salez, poivrez et laissez refroidir 30 min.
- Tartinez les crêpes d'une fine couche de purée de légumes à l'anis et déposez une rangée de feuilles d'estragon au centre de chaque crêpe. Roulez les galettes bien serré, emballez-les dans du film alimentaire et mettez au frais 10 min. Découpez en bouchées, ôtez le film, fixez avec une petite pique en bois et servez en apéritif. Vous pouvez également les présenter en mini-rouleaux (cf. photo ci-contre).

Et pourquoi pas ?
- Vous pouvez réaliser cette recette sans pastis ou en le remplaçant par 1/2 cuil. à café de graines d'anis dans la pâte.
- À la place de l'estragon, vous pouvez disposer au centre de chaque crêpe une crevette ou une langoustine cuite.
- Vous pouvez réaliser cette recette sous forme de mini-aumônières : confectionnez alors les galettes dans une mini-poêle, déposez au centre 1 cuil. à café de carottes au pastis, une feuille d'estragon et nouez l'aumônière à l'aide d'un ruban de carotte prélevé à l'aide d'un couteau économe.
- Vous pouvez utiliser des galettes de blé noir (voir p. 22).

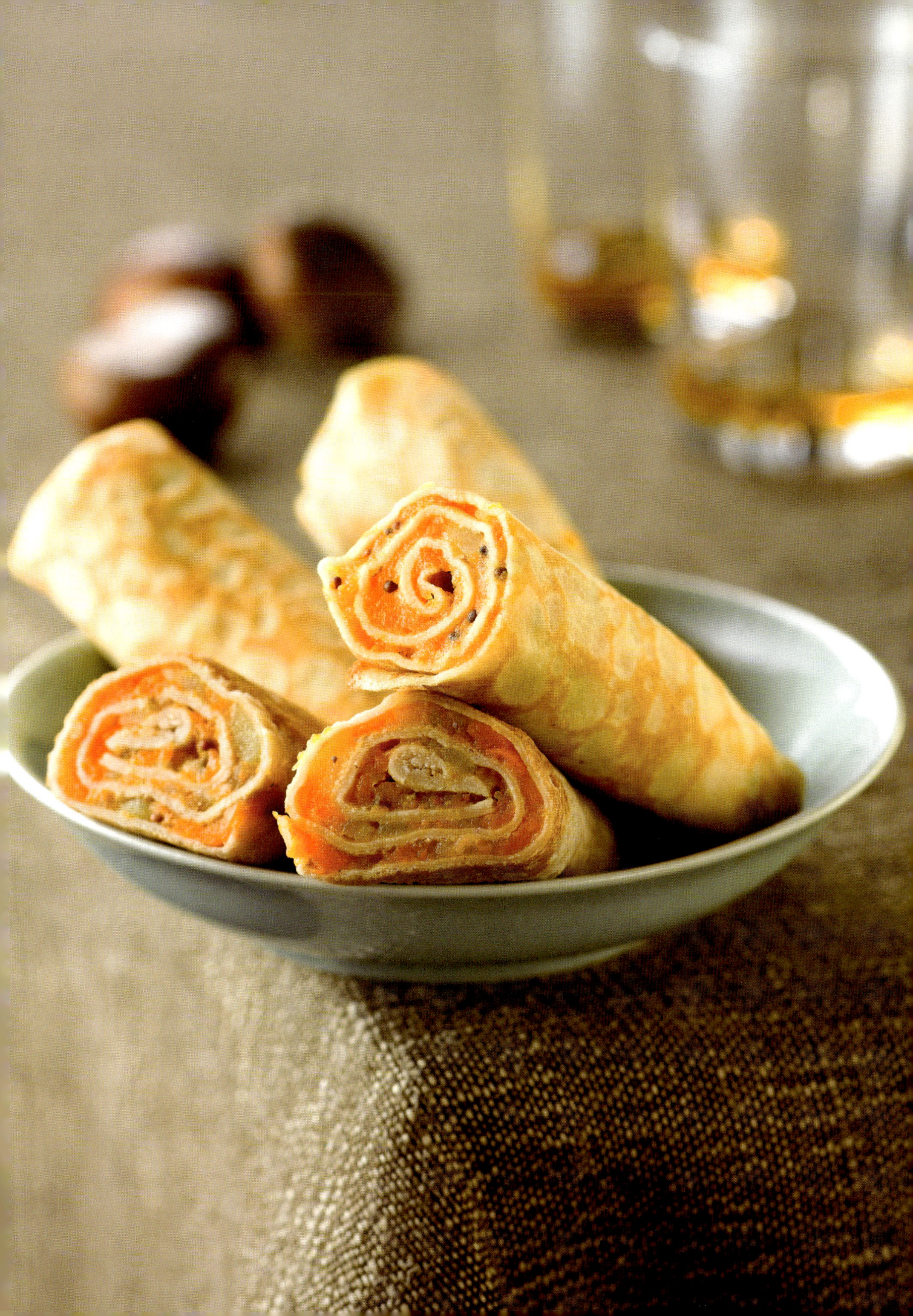

Préparation : 10 min
Repos de la pâte : 30 min
Repos au frais : 20 min
Cuisson : 3 min par blinis

Pour environ 8 blinis

Pour la pâte
115 g de farine de froment
1 yaourt nature
8 cl de lait
1 œuf
1/2 cuil. à café de levure chimique
5 cl d'huile neutre

Pour la garniture
100 g d'œufs de saumon
1 cuil. à soupe de mascarpone
1 cuil. à soupe de fromage blanc
1/2 citron (jus)
1 cuil. à soupe d'huile d'olive
Sel, poivre du moulin

blinis à la crème d'œufs de saumon

- Fouettez l'œuf avec le yaourt et le lait. Ajoutez la farine puis la levure petit à petit sans cesser de mélanger. Laissez reposer 30 min à température ambiante.
- Préparez la garniture : mettez 50 g d'œufs de saumon, le fromage blanc, le mascarpone, le jus du demi-citron et l'huile d'olive dans le bol d'un mixeur. Salez peu et poivrez. Mixez le tout finement. Mettez au frais 20 min.
- Faites chauffer sur feu moyen une poêle à blinis légèrement huilée. Quand elle est chaude, versez 1/2 louche de pâte. Laissez cuire environ 1 min 30 pour que des petites bulles apparaissent à la surface et que celle-ci soit prise. Retournez alors le blinis et prolongez la cuisson de 1 min. Faites glisser sur une assiette et procédez de la même façon jusqu'à épuisement de la pâte.
- Au moment de servir, tartinez les blinis tièdes de crème d'œufs de saumon et parsemez des œufs de saumon entiers restants.

Et pourquoi pas ?
- Vous pouvez remplacer le mascarpone par de la ricotta égouttée, les œufs de saumon par des œufs de truite ou par du saumon fumé coupé en petits dés.
- Ajoutez à la garniture 1 cuil. à café de raifort.
- Au moment de servir, parsemez la garniture des blinis de quelques baies roses et/ou de quelques pluches d'aneth.

Préparation : 5 min
Repos de la pâte : 30 min
Cuisson : 8 min + 2 à 3 min par crêpe

Pour 8 « nans »

Pour la pâte
250 g de farine de froment
3 œufs
50 cl de lait
30 g de beurre fondu
5 cl d'huile neutre
1 cuil. à café de sel

Pour la garniture
24 portions de fromage fondu
 (Vache qui rit)
Poivre du moulin

crêpe façon « cheese nan »

- Suivant la recette des crêpes salées à la farine de froment (voir p. 20), préparez la pâte et laissez-la reposer. Dans une poêle légèrement huilée, faites cuire 4 crêpes. Conservez le reste de pâte au frais pour une utilisation ultérieure ou congelez-le dans une petite bouteille en plastique.
- Faites glisser une crêpe cuite dans la poêle chaude, écrasez 3 portions de fromage fondu sur la moitié de la surface de la crêpe, poivrez. Pliez-la en deux en chausson en appuyant dessus. Laissez fondre 1 min et débarrassez sur une assiette de service. Procédez de la même façon avec les 7 autres crêpes. Gardez les nans au chaud en les plaçant dans un four préchauffé à 80 °C (th. 3), porte entrouverte.
- Servez chaud avec une salade de concombre au yaourt et au cumin.

Et pourquoi pas ?
- Mélangez le fromage fondu à quelques graines de cumin, 1 cuil. à café de curry ou de garam masala mais aussi à quelques herbes fraîches comme de la coriandre.
- Servez avec une salade de concombre au yaourt, au citron et au cumin (1 concombre râpé assaisonné de 1 yaourt crémeux mélangé au jus de 1 citron et à 1/2 cuil. à café de graines de cumin, du sel et du poivre).

Préparation : 10 min
Cuisson : 4 min par crépiaux

Pour 4 personnes

1 petite courgette bien ferme
100 g de farine de froment
1 yaourt au lait de chèvre
1 œuf
1/2 citron non traité (zeste)
6 feuilles de menthe
5 cl d'huile neutre
1 cuil. à soupe d'huile d'olive
Sel, poivre du moulin

crépiaux aux courgettes râpées

- Lavez et râpez la courgette non pelée à la grosse grille au-dessus d'un torchon propre. Emballez la chair râpée dans le torchon et pressez fort pour en extraire le maximum d'eau.
- Séparez le blanc du jaune de l'œuf et fouettez le jaune avec le yaourt, l'huile d'olive, le zeste du demi-citron râpé, du sel et du poivre. Ajoutez la farine puis les courgettes râpées et la menthe ciselée et mélangez à nouveau.
- Montez le blanc d'œuf en neige et incorporez-le délicatement à la préparation.
- Préchauffez le four à 90 °C (th. 3).
- Faites chauffer une poêle à blinis légèrement huilée et versez une petite louche de pâte au centre. Laissez cuire jusqu'à ce que le fond ait pris (2 min) et retournez le crépiau. Prolongez la cuisson 2 min. Procédez de même pour les autres crépiaux jusqu'à épuisement de la pâte.
- Conservez au chaud dans le four, porte entrouverte.
- Servez 2 crépiaux chauds par personne, en entrée avec une salade ou en accompagnement d'un rôti.

Et pourquoi pas ?
- Si vous ne disposez pas de yaourt au lait de chèvre, délayez 1 bonne cuil. à soupe de fromage de chèvre frais dans 5 cl de lait de vache.
- Pensez également à incorporer des dés de fromage de chèvre à la pâte et à parsemer les crépiaux une fois cuits de quelques amandes effilées torréfiées à la poêle.
- Vous pouvez utiliser toutes les herbes de votre choix : ciboulette, persil, coriandre… à la place de la menthe.
- Remplacez les courgettes par des carottes râpées, mais aussi des panais ou de la citrouille râpée en saison. Assaisonnez alors de quelques graines de cumin.

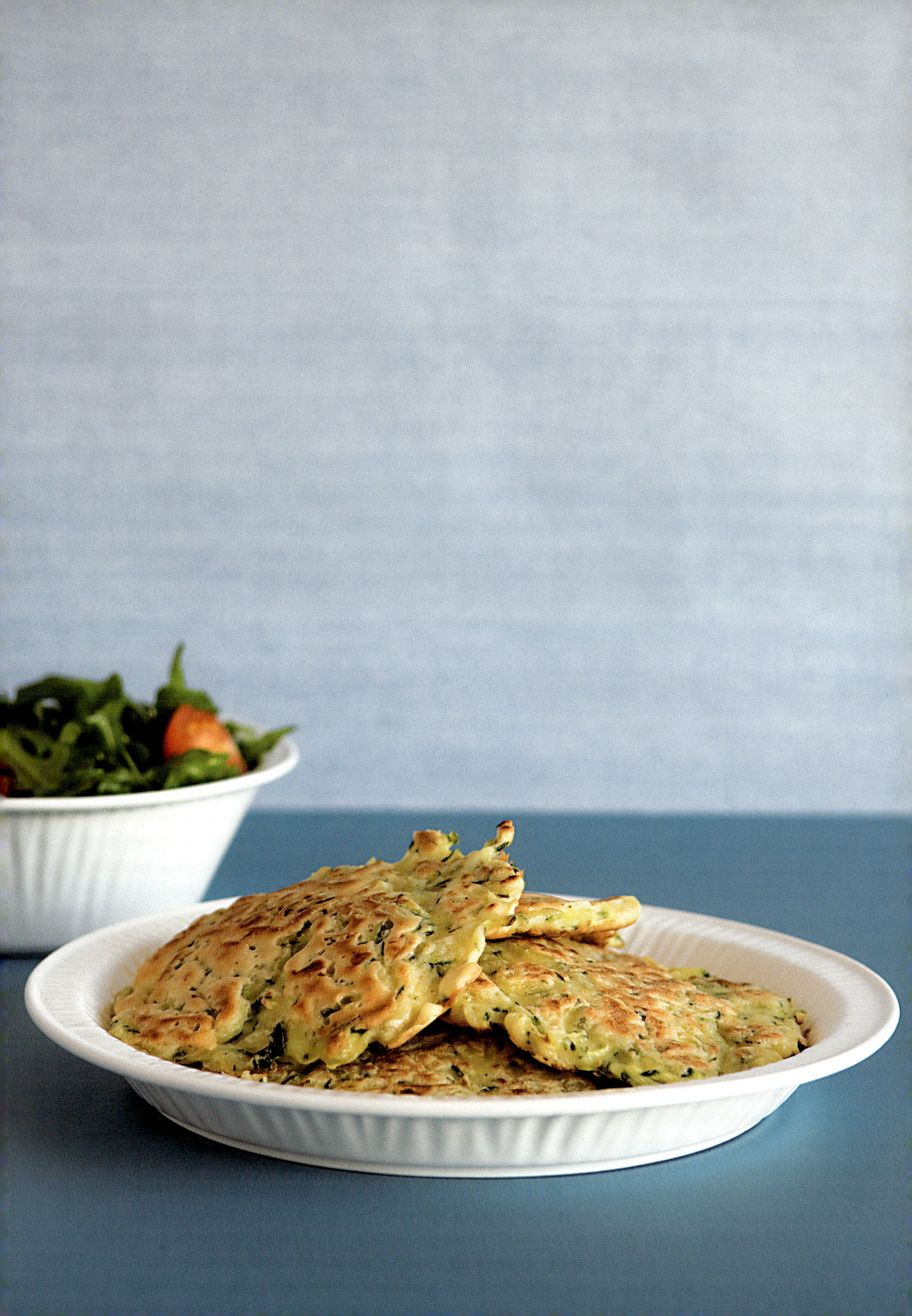

Préparation : 10 min
Repos de la pâte : 1 h
Cuisson : 2 à 3 min par galette + 25 min

Pour 6 galettes

Pour la pâte
250 g de farine de blé noir
   (farine de sarrasin)
1 œuf
60 cl d'eau
5 cl d'huile neutre
1 cuil. à café de sel de mer

Pour la garniture
4 petites aubergines (600 g)
1 grenade
2 petites gousses d'ail
1 citron (jus)
4 cuil. à soupe d'huile d'olive
Sel, poivre du moulin

galette au caviar d'aubergines
et graines de grenade

- Suivant la recette des galettes de blé noir (voir p. 22), préparez la pâte et laissez-la reposer 30 min à température ambiante. Dans une poêle légèrement huilée, faites cuire 6 galettes. Conservez le reste de pâte au frais pour une utilisation ultérieure ou congelez-le dans une petite bouteille en plastique.
- Faites chauffer le gril du four.
- Préparez la garniture : lavez les aubergines, essuyez-les et mettez-les au four pendant 25 min. Retournez-les à mi-cuisson (la peau doit devenir bien noire).
- Pendant ce temps, pelez et hachez l'ail, pressez le citron.
- Sortez les aubergines du four et laissez-les refroidir. Retirez la peau et mettez la chair dans le bol du mixeur. Ajoutez l'huile d'olive, l'ail haché, le jus du citron, du sel et du poivre. Mixez pour obtenir une purée épaisse.
- Tartinez les galettes de blé noir de ce caviar d'aubergine. Coupez la grenade en deux et égrainez-la par-dessus. Roulez les galettes sur elles-mêmes et servez froid, éventuellement accompagnées d'une salade croquante (romaine et radis). Vous pouvez découper ces galettes en bouchées et les présenter avec une pique en bois, pour l'apéritif.

Et pourquoi pas ?
- Vous pouvez ajouter à la préparation 2 cuil. à soupe de crème de sésame (tahiné) pour obtenir un véritable caviar d'aubergine.
- Vous pouvez réaliser cette recette en vous passant de la grenade.

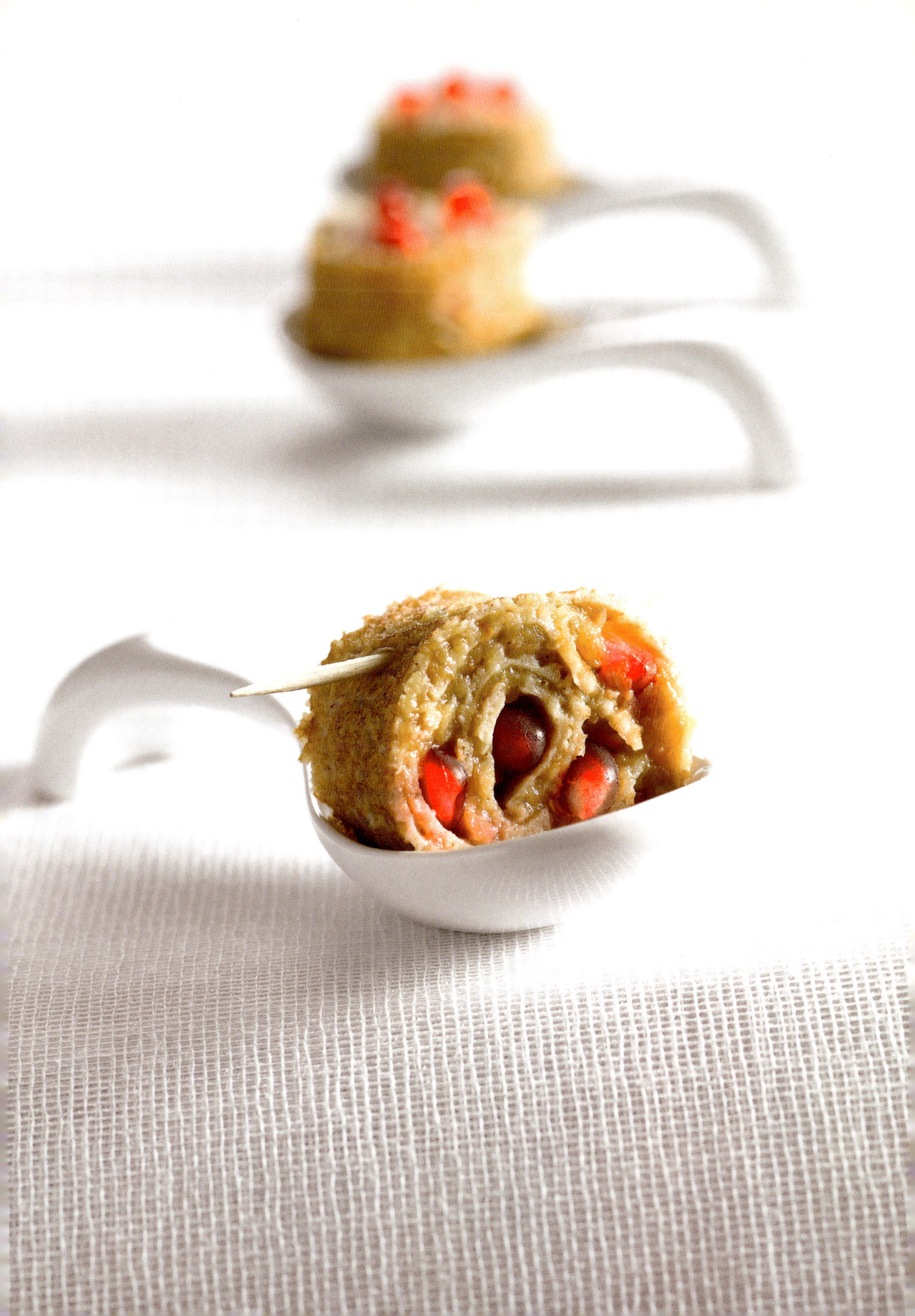

Préparation : 10 min
Repos de la pâte : 30 min
Cuisson : 2 à 3 min par galette
  + 15 à 20 min

Pour 4 galettes

Pour la pâte
250 g de farine de blé noir
  (farine de sarrasin)
1 œuf
60 cl d'eau
5 cl d'huile neutre
1 cuil. à café de sel de mer

Pour la garniture
300 g de carpaccio de bœuf
200 g de mimolette vieille
1 cuil. à café d'huile de sésame
1 cuil. à café d'huile neutre
Sel, poivre du moulin

galettes au bœuf,
sésame et mimolette vieille

- Suivant la recette des galettes de blé noir (voir p. 22), préparez la pâte et laissez-la reposer 30 min à température ambiante. Dans une poêle légèrement huilée, faites cuire 4 galettes. Conservez le reste de pâte au frais pour une utilisation ultérieure ou congelez-le dans une petite bouteille en plastique.
- Préparez la garniture : mélangez les 2 huiles et versez dans une poêle. Faites-la chauffer sur feu vif. Quand elle est bien chaude, jetez-y les tranches de carpaccio à plat sans qu'elles se chevauchent (n'hésitez pas à procéder en 2 fournées) et laissez saisir 30 s avant de retirer de la poêle. Salez peu, poivrez.
- Dans la même poêle, faites chauffer 1 galette sur feu doux, tapissez-en la moitié de viande grillée et recouvrez de mimolette taillée en copeaux à l'aide d'un économe. Poivrez à nouveau et rabattez l'autre moitié de la galette pour former un chausson (vous pouvez également la plier encore en deux). Retournez-le et laissez chauffer 2 min pour que le fromage soit bien fondu. Procédez de la même façon pour les 3 autres galettes. Gardez les chaussons au chaud en les plaçant dans un four préchauffé à 80 °C (th. 3), porte entrouverte.
- Servez chaud avec une salade de pousses de soja crues.

Et pourquoi pas ?
- Vous pouvez remplacer la mimolette par des copeaux de parmesan : dans ce cas, n'utilisez que de l'huile neutre et servez avec une salade de roquette. Pensez également au roquefort ou au gorgonzola.
- Vous pouvez réaliser cette recette avec des crêpes salées à la farine de froment (voir p. 20) ou des crêpes à la farine de châtaigne (voir p. 23).

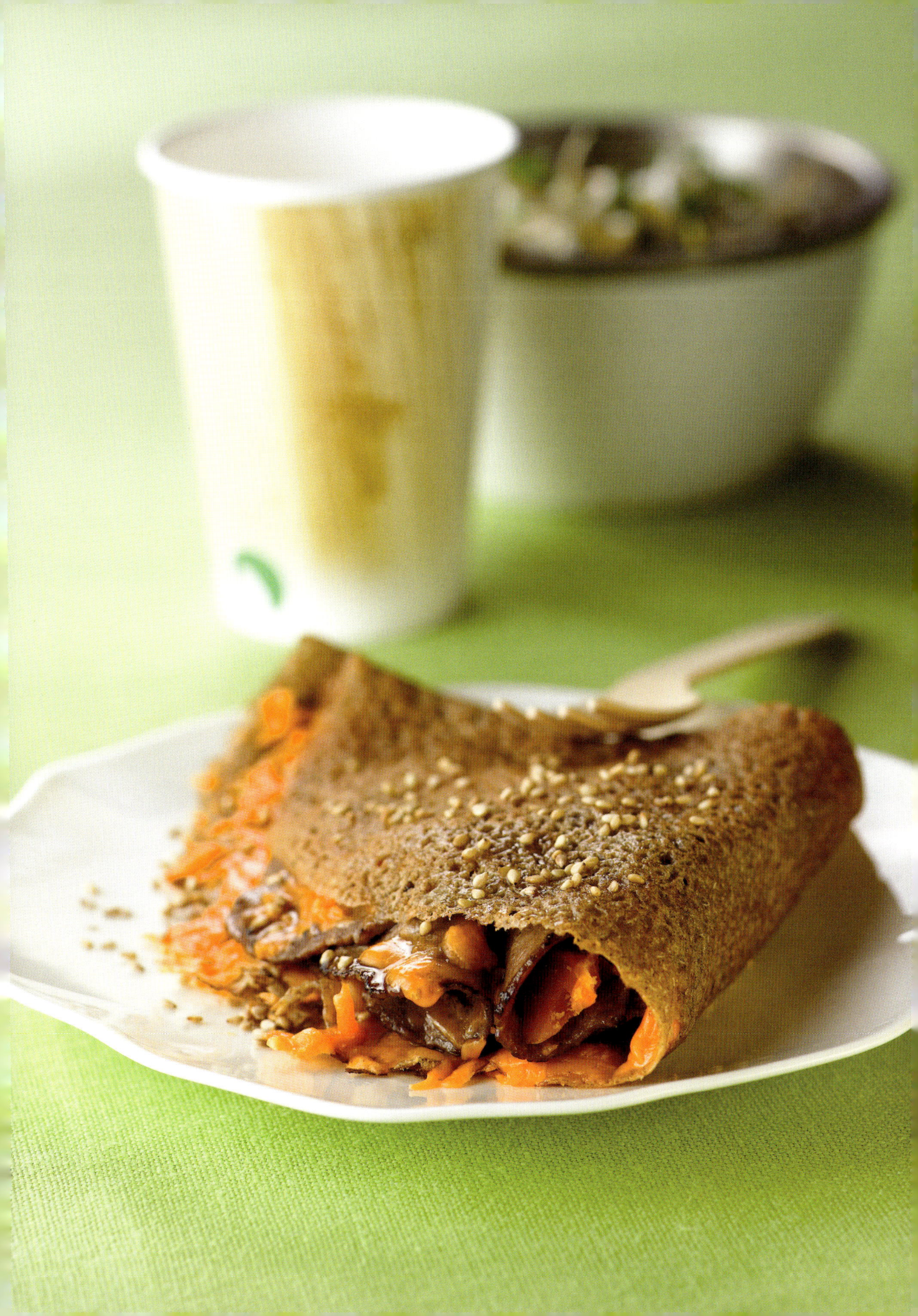

Préparation : 15 min
Repos de la pâte : 30 min
Cuisson : 2 à 3 min par galette + 40 min

Pour 6 galettes

Pour la pâte
250 g de farine de blé noir
   (farine de sarrasin)
1 œuf
60 cl d'eau
5 cl d'huile neutre
1 cuil. à café de sel de mer

Pour la garniture
600 g de chair de tomate en conserve
300 g de viande de bœuf hachée
2 boules de mozzarella
10 cl de crème fraîche liquide
1 oignon
2 échalotes
3 gousses d'ail
1 feuille de laurier
4 brindilles de thym frais
1/2 morceau de sucre
2 cuil. à soupe d'huile d'olive
Huile neutre pour le moule
Sel, poivre du moulin

lasagnes de crêpes
à la bolognaise

- Suivant la recette des galettes de blé noir (voir p. 22), préparez la pâte et laissez-la reposer 30 min à température ambiante. Dans une poêle légèrement huilée, faites cuire 6 galettes. Conservez le reste de pâte au frais pour une utilisation ultérieure ou congelez-le dans une petite bouteille en plastique.
- Préparez la sauce bolognaise : épluchez l'oignon et les échalotes, hachez-les. Faites chauffer l'huile d'olive dans une sauteuse sur feu moyen et mettez-y les échalotes et l'oignon hachés à cuire 5 min. Ajoutez la viande hachée, augmentez le feu et faites colorer 4 min. Baissez le feu et ajoutez la chair de tomate, le laurier, le thym, les gousses d'ail entières non pelées et écrasées et le sucre. Salez et poivrez. Laissez cuire 8 min à petits bouillons.
- Retirez les gousses d'ail.
- Préchauffez le four à 180 °C (th. 6).
- Huilez un moule à manqué du même diamètre que les galettes. Déposez-en 1 au fond. Couvrez de un tiers de sauce bolognaise, posez 1 autre galette, arrosez de la moitié de la crème liquide, recouvrez de 1 autre galette et réitérez l'opération jusqu'à épuisement de la garniture. Terminez par 1 galette nature. Hachez la mozzarella et parsemez-en les lasagnes.
- Enfournez pour 20 min de cuisson puis terminez par 5 min sous le gril en surveillant pour que le dessus soit bien doré.
- Servez chaud avec une salade verte.

Et pourquoi pas ?
- N'hésitez pas à ajouter des légumes à la sauce bolognaise : carottes, épinards, courgettes, aubergines... coupés en dés que vous ferez revenir avec les oignons. À partir de ce même principe, vous pouvez même réaliser une version totalement végétarienne.
- Vous pouvez varier la présentation de ce plat en roulant les galettes de manière à obtenir des cannellonis.

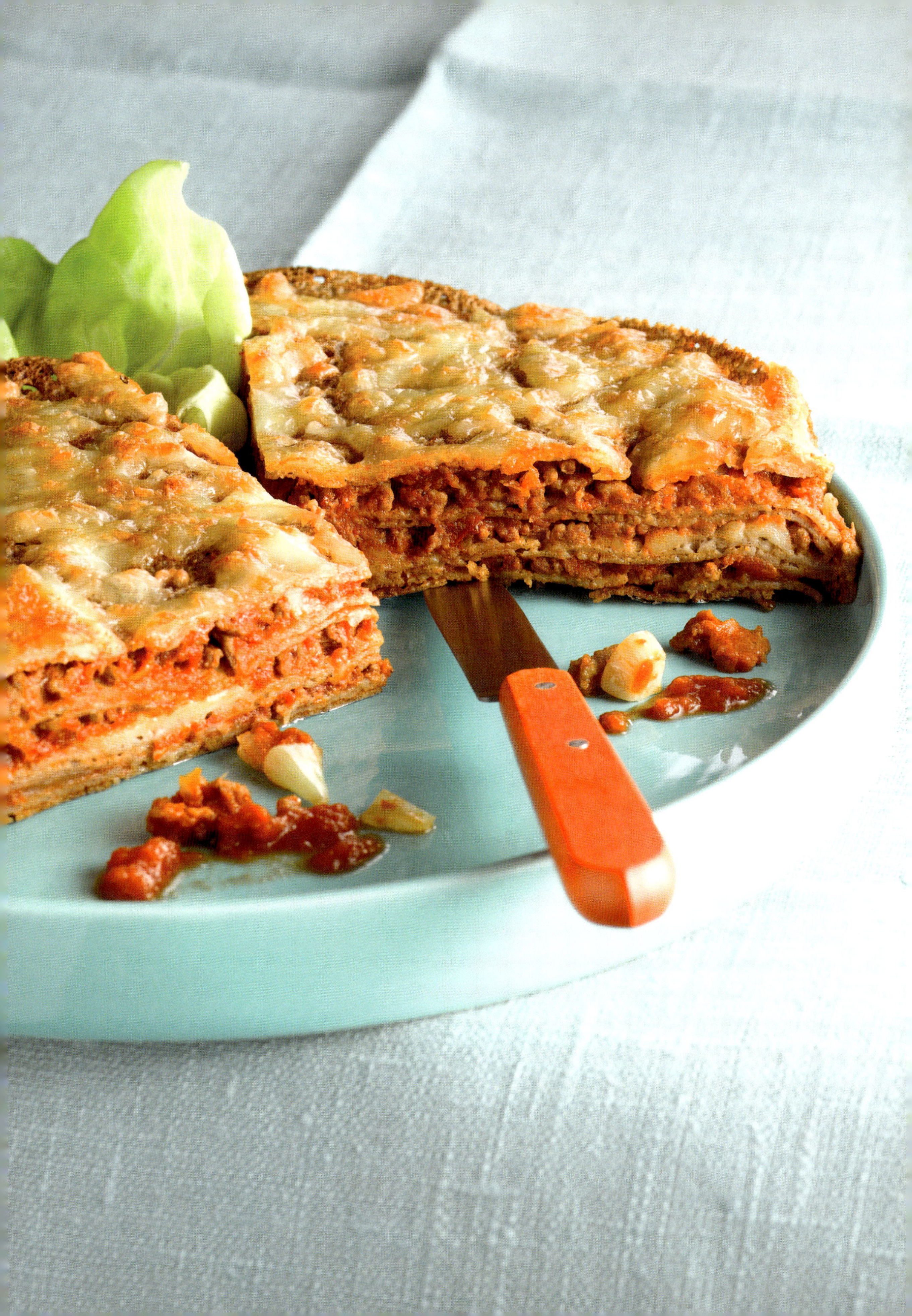

Préparation : 20 min
Repos de la pâte : 30 min
Cuisson : 2 à 3 min par galette + 15 min

Pour environ 12 bouchées

Pour la pâte
250 g de farine de blé noir
   (farine de sarrasin)
1 œuf
60 cl d'eau
5 cl d'huile neutre
1 cuil. à café de sel de mer

Pour la garniture
200 g de viande de veau hachée
1 œuf
1 citron non traité (zeste)
1/2 bouquet de coriandre
2 cuil. à soupe de chapelure
2 cuil. à soupe d'huile neutre
Sel, poivre du moulin

mini-aumônières de veau au citron

- Suivant la recette des galettes de blé noir (voir p. 22), préparez la pâte et laissez-la reposer 30 min à température ambiante.
- Dans une poêle légèrement huilée, versez une petite louche de pâte de manière à obtenir une mini-galette. Répétez l'opération jusqu'à obtenir 12 galettes de même format. Conservez le reste de pâte au frais pour une utilisation ultérieure ou congelez-le dans une petite bouteille en plastique.
- Préparez les boulettes : mélangez intimement la viande hachée, l'œuf, la chapelure et le zeste du citron râpé. Hachez la coriandre et ajoutez-la à la préparation, salez, poivrez et mélangez à nouveau. Confectionnez entre la paume de vos mains 12 petites boulettes de la taille d'une noix.
- Faites chauffer sur feu vif une poêle avec l'huile. Quand elle est bien chaude, mettez-y les boulettes et faites-les dorer sur toutes les faces pendant 5 min. Baissez le feu et prolongez la cuisson de 5 min. Réservez les boulettes.
- Préchauffez le four à 180 °C (th. 6).
- Déposez 1 boulette sur chaque mini-galette et rabattez les bords pour former des mini-aumônières. Fixez-les avec des petites piques en bois. Posez-les dans un plat allant au four.
- Faites-les chauffer 5 min au four avant de les servir à l'apéritif.

Et pourquoi pas ?
- Accompagnez ces bouchées d'une sauce réalisée avec 1 yaourt salé et poivré, battu avec le jus de 1/2 citron et quelques feuilles de menthe ou de coriandre hachées.
- Vous pouvez remplacer la coriandre dans les boulettes par du persil plat ou de la menthe.
- Pour plus de piquant, ajoutez 1 cm de gingembre frais épluché et râpé dans la viande et pour plus de croquant quelques pignons de pin ou des amandes concassés.
- Fixez vos mini-aumônières avec 1 brin de ciboulette ou 1 long zeste de citron préalablement blanchi à l'eau bouillante pour qu'il soit suffisamment souple.
- Vous pouvez réaliser cette recette avec des crêpes salées à la farine de froment (voir p. 20).

Les recettes salées

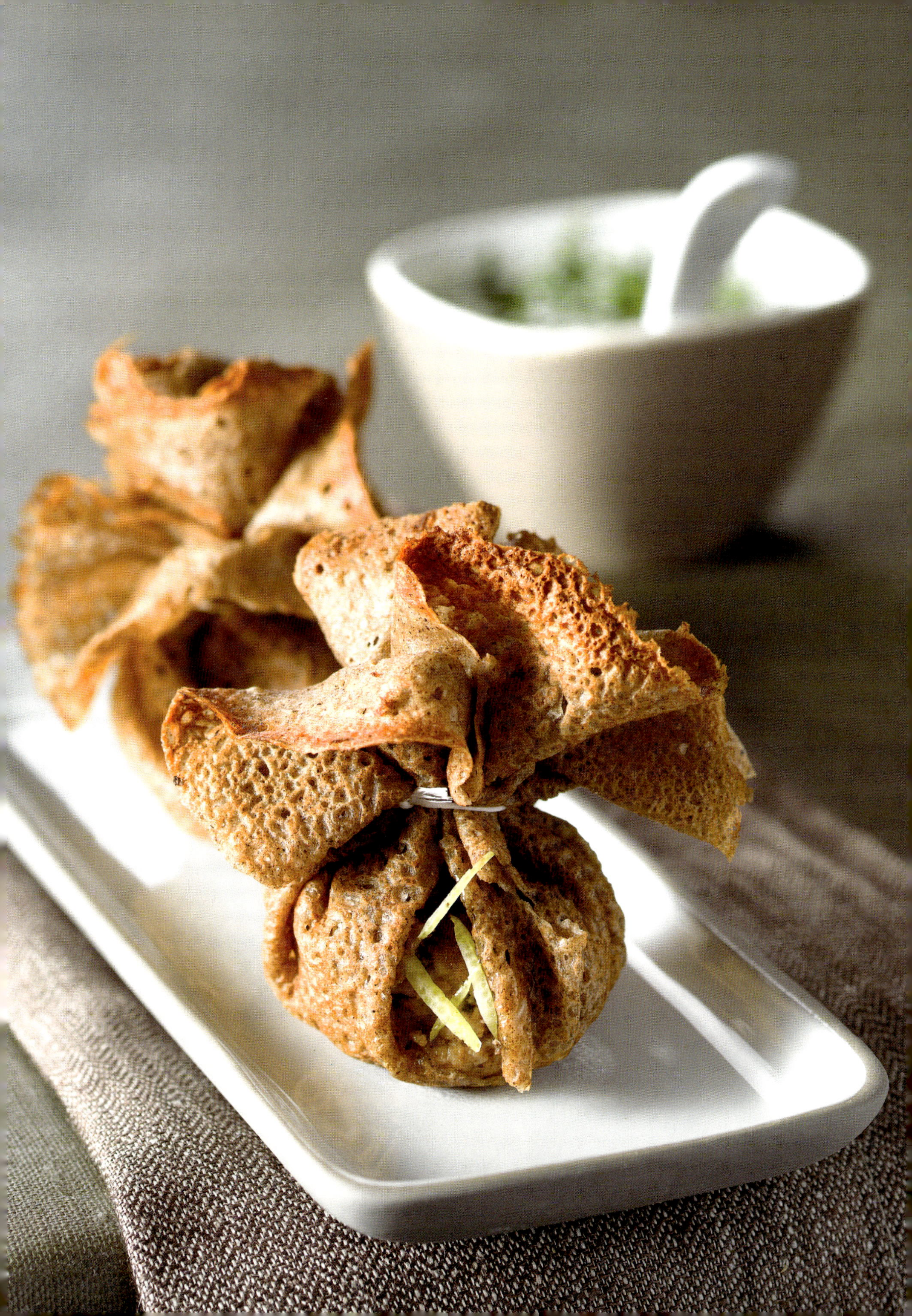

Préparation : 10 min
Repos de la pâte : 30 min
Cuisson : 2 à 3 min par galette + 20 min

Pour 6 galettes

Pour la pâte
250 g de farine de blé noir
   (farine de sarrasin)
1 œuf
60 cl d'eau
5 cl d'huile neutre
1 cuil. à café de sel de mer

Pour la garniture
6 petits boudins antillais
3 pommes golden
Sel, poivre du moulin

galettes au boudin antillais
et pommes fruits

- Suivant la recette des galettes de blé noir (voir p. 22), préparez la pâte et laissez-la reposer 30 min à température ambiante.
- Préchauffez le four à 230 °C (th. 7-8).
- Préparez la garniture : lavez et coupez les pommes en quartier de la même épaisseur que les boudins. Piquez les boudins antillais à la fourchette et déposez-les dans un plat allant au four. Disposez les quartiers de pommes autour. Enfournez pour 20 min en retournant à mi-cuisson.
- Pendant ce temps, préparez un bain-marie : déposez une grande assiette sur une casserole remplie au tiers d'eau, le tout sur feu doux.
- Dans une poêle légèrement huilée, faites cuire 6 galettes. Gardez les crêpes au chaud sur l'assiette posée sur un bain-marie. Conservez le reste de pâte au frais pour une utilisation ultérieure ou congelez-le dans une petite bouteille en plastique.
- Coupez les boudins antillais en fines tranches et garnissez-en les galettes chaudes puis intercalez des quartiers de pommes. Servez chaud.

Et pourquoi pas ?
   - Si vous craignez le piment, vous pouvez réaliser cette recette avec des boudins noirs classiques.
   - Les pommes peuvent être remplacées par 2 bananes coupées en rondelles et passées au four avec 1 noix de beurre et 1 pincée de sucre roux.
   - Parsemez d'un voile de cannelle en poudre juste avant de servir.
   - Vous pouvez aussi réaliser cette recette avec des crêpes salées à la farine de froment (voir p. 20).

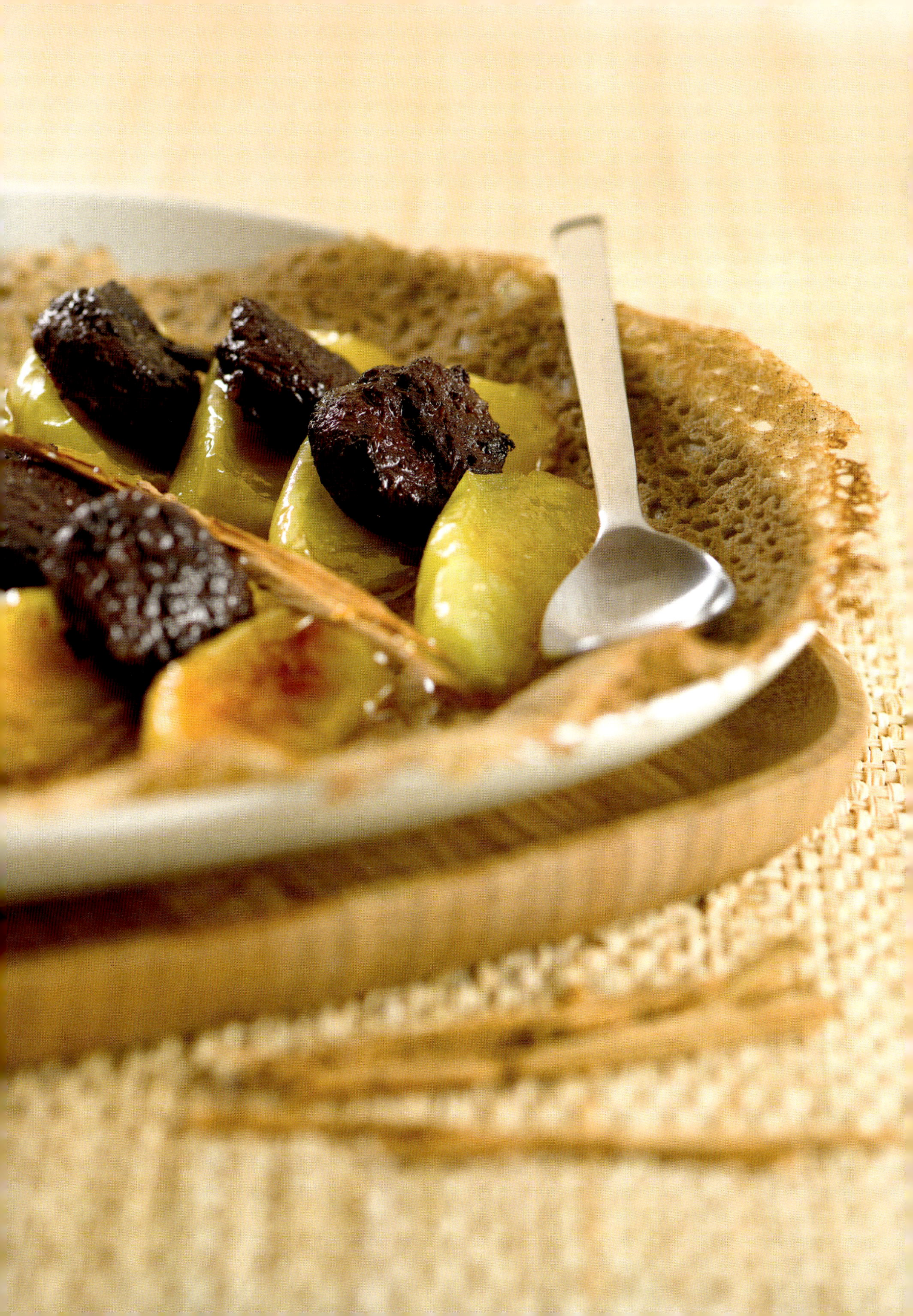

Préparation : 20 min
Repos de la pâte : 1 h
Dégorgeage des aubergines : 30 min
Cuisson : 2 à 3 min par galette + 10 min

Pour 4 galettes

Pour la pâte
250 g de farine de blé noir
   (farine de sarrasin)
1 œuf
60 cl d'eau
5 cl d'huile neutre
1 cuil. à café de sel de mer

Pour la garniture
4 petites aubergines (600 g)
2 petites tomates
1/2 citron (jus)
1 bouquet de coriandre
3 à 4 cuil. à soupe d'huile d'olive
2 cuil. à soupe de gros sel
Sel, poivre du moulin

galettes à la libanaise :
aubergines, tomates et coriandre

- Suivant la recette des galettes de blé noir (voir p. 22), préparez la pâte et laissez-la reposer 30 min à température ambiante. Dans une poêle légèrement huilée, faites cuire 4 galettes. Conservez le reste de pâte au frais pour une utilisation ultérieure ou congelez-le dans une petite bouteille en plastique.
- Préparez la garniture : lavez et coupez les aubergines en fines lamelles. Mettez-les dans une passoire, couvrez-les du gros sel et laissez dégorger 1 h.
- Égouttez les aubergines et pressez-les dans du papier absorbant. Retirez l'excédent de sel.
- Faites chauffer une sauteuse avec 2 ou 3 cuil. à soupe d'huile d'olive. Quand elle est bien chaude, mettez-y la moitié des aubergines à plat. Faites frire 2 min de chaque côté pour qu'elles soient bien dorées. Débarrassez sur une assiette recouverte de papier absorbant et gardez l'huile sur le feu. Procédez de la même façon pour la deuxième fournée.
- Lavez et coupez les tomates en petits dés. Lavez et ciselez la coriandre. Mettez-les dans un saladier puis assaisonnez de 1 cuil. à soupe d'huile d'olive, du jus du demi-citron, de sel et de poivre.
- Déposez sur chaque galette une couche de tomates, puis des aubergines frites. Dégustez tiède ou froid.

Et pourquoi pas ?
   - Vous pouvez réaliser la même recette avec des courgettes.
   - Ajoutez à la préparation quelques dés de citron confit.
   - Remplacez la coriandre par du persil plat, façon taboulé libanais.

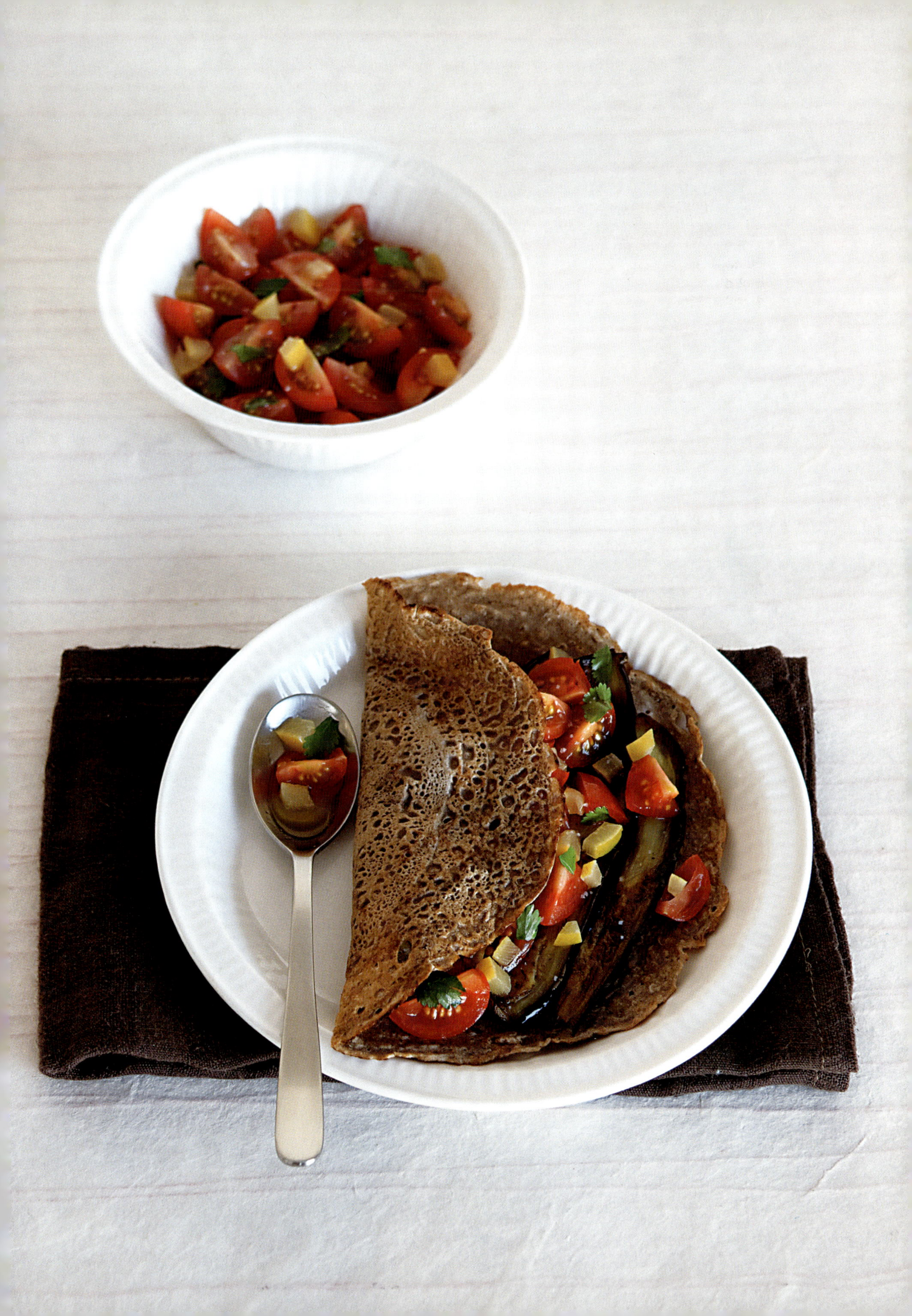

Préparation : 10 min
Repos de la pâte : 30 min
Cuisson : 2 à 3 min par galette + 3 min

Pour 4 wraps

Pour la pâte
250 g de farine de blé noir
   (farine de sarrasin)
1 œuf
60 cl d'eau
5 cl d'huile neutre
1 cuil. à café de sel de mer

Pour la garniture
12 tranches très fines de bacon
   (ou lard fumé)
2 petits-suisses
2 avocats bien mûrs
1/2 citron (jus)
1 cuil. à soupe de moutarde forte
4 gouttes de sauce chili
Sel, poivre du moulin

wraps au bacon et avocat

- Suivant la recette des galettes de blé noir (voir p. 22), préparez la pâte et laissez-la reposer 30 min à température ambiante.
- Préparez la garniture : pelez les avocats, retirez les noyaux et écrasez la chair à la fourchette avec le jus du demi-citron. Ajoutez les petits-suisses, la sauce chili et la moutarde. Salez, poivrez et écrasez de nouveau. Réservez.
- Faites chauffer une poêle antiadhésive à sec. Quand elle est très chaude, déposez-y les fines tranches de lard sans qu'elles se superposent. Laissez griller 3 min en les retournant à mi-cuisson. Débarrassez sur du papier absorbant.
- Préparez un bain-marie : déposez une grande assiette sur une casserole remplie au tiers d'eau, le tout sur feu doux.
- Dans une poêle légèrement huilée, faites cuire 4 galettes. Gardez les crêpes au chaud sur l'assiette posée sur un bain-marie. Conservez le reste de pâte au frais pour une utilisation ultérieure ou congelez-le dans une petite bouteille en plastique.
- Tartinez les galettes chaudes de préparation à l'avocat, puis disposez 3 tranches de lard grillé sur chacune d'entre elles. Roulez pour former un wrap et dégustez !

Et pourquoi pas ?
- À la place du bacon ou du lard fumé, vous pouvez utiliser du filet de dinde fumé, moins gras. Il est alors inutile de le faire cuire.
- Alternative marine : quelques crevettes roses cuites et décortiquées.
- Vous pouvez ajouter à votre wrap des crudités telles que de très fines tranches de tomates ou des feuilles de laitue ciselées.

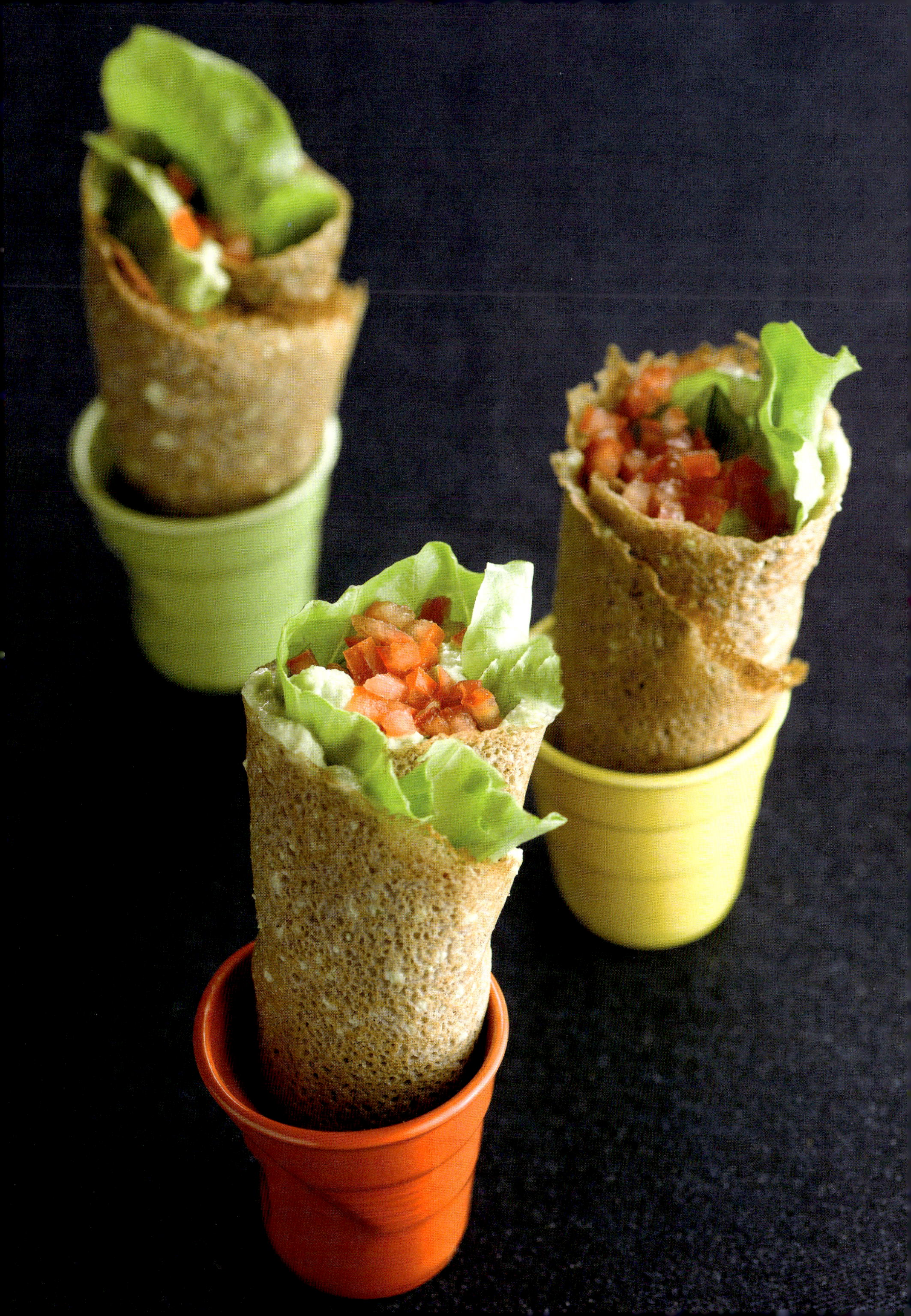

Préparation : 20 min
Repos de la pâte : 30 min
Dessalage : 2 h
Cuisson : environ 20 min

Pour 4 galettes

Pour la pâte
250 g de farine de blé noir (farine de sarrasin)
1 œuf
60 cl d'eau
5 cl d'huile neutre
1 cuil. à café de sel de mer

Pour la garniture
400 g de haddock
350 g d'épinards en branches surgelés
lait

Pour la sauce hollandaise
2 jaunes d'œufs
125 g de beurre doux
1/2 citron (jus)
Sel, poivre du moulin

galettes au haddock et épinard
sauce hollandaise

- Suivant la recette des galettes de blé noir (voir p. 22), préparez la pâte et laissez-la reposer 30 min à température ambiante.
- Préparez la garniture : mettez le haddock à dessaler dans un grand volume d'eau pendant 2 h.
- Préparez la sauce hollandaise : pressez le citron, coupez le beurre en petits morceaux. Faites chauffer un bain-marie sur feu très doux, versez-y les jaunes d'œufs et fouettez sans cesse pendant 6 min, la préparation va quasiment doubler de volume. Sans cesser de fouetter, ajoutez le jus de citron, puis le beurre. Continuez de cuire environ 5 min pour que la sauce soit bien mousseuse mais stable. Salez, poivrez, éteignez le feu.
- Faites décongeler les épinards dans une casserole avec 1 cuil. à soupe d'eau, sur feu doux.
- Pendant ce temps, dans une grande casserole pouvant contenir le poisson, faites chauffer un mélange moitié lait, moitié eau. Rincez rapidement le haddock dessalé sous l'eau claire et mettez-le dans le liquide frémissant. Laissez pocher 5 min.
- Préparez un bain-marie : déposez une grande assiette sur une casserole remplie au tiers d'eau, le tout sur feu doux.
- Dans une poêle légèrement huilée, faites cuire 4 galettes. Gardez les crêpes au chaud sur l'assiette posée sur un bain-marie. Conservez le reste de pâte au frais pour une utilisation ultérieure ou congelez-le dans une petite bouteille en plastique.
- Sur chaque galette, déposez un lit d'épinards, poivrez et mettez le haddock que vous aurez préalablement effeuillé. Nappez de la sauce tiède. Dégustez sans attendre.

Et pourquoi pas ?
- Vous pouvez remplacer les épinards par de l'oseille et le haddock par du bacon grillé. Accompagnez de 1 œuf poché et vous obtiendrez un résultat très proche de l'œuf Benedict américain !

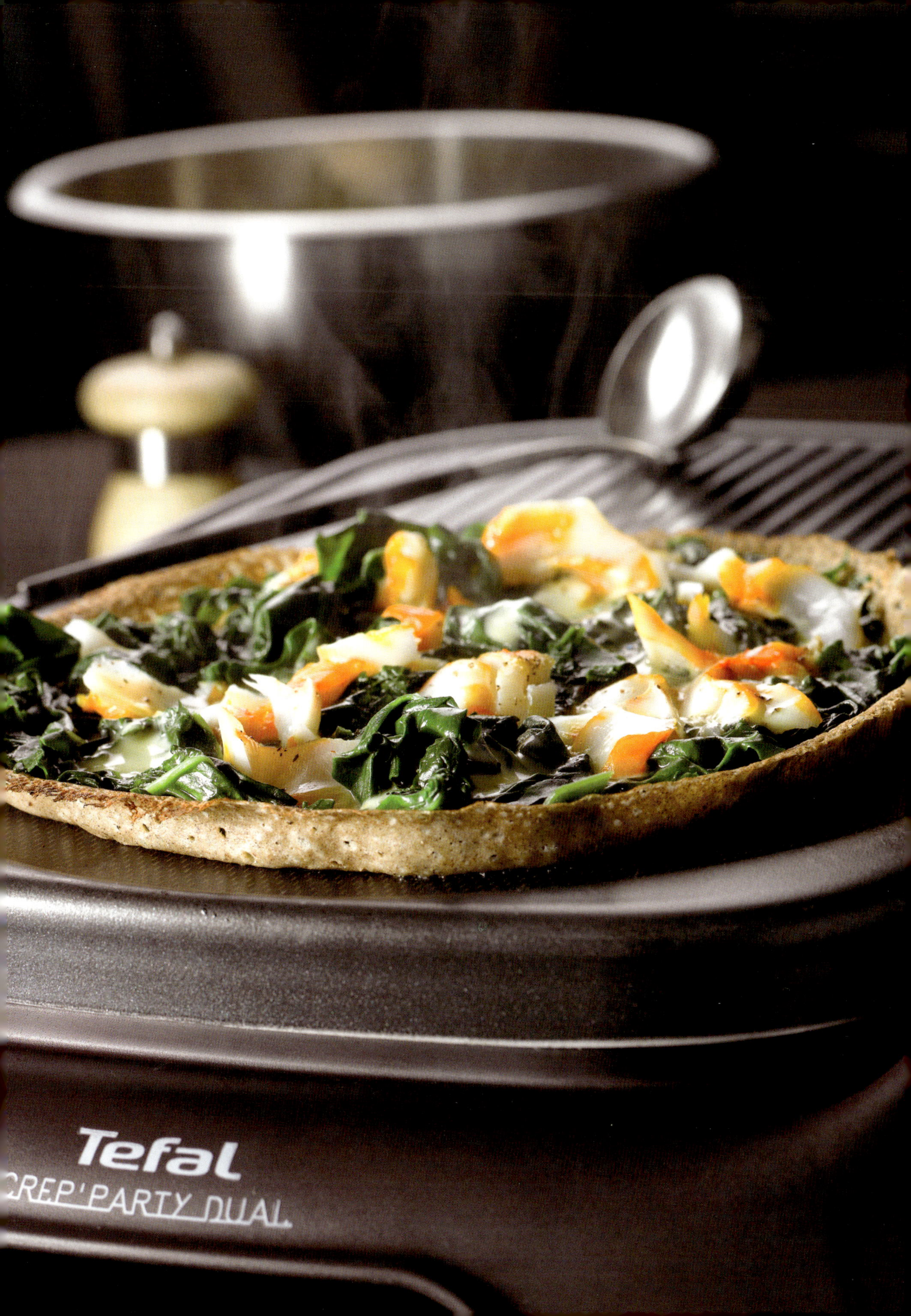
Tefal
CREP'PARTY DUAL

Préparation : 15 min
Repos de la pâte : 30 min
Cuisson : 2 à 3 min par galette
Repos au frais : 1 h

Pour 16 bouchées apéritives

Pour la pâte
250 g de farine de blé noir
  (farine de sarrasin)
1 œuf
60 cl d'eau
5 cl d'huile neutre
1 cuil. à café de sel de mer

Pour la garniture
8 petites tranches de saumon fumé
200 g de fromage de chèvre frais
5 cl de crème liquide
1 cuil. à café de raifort
1/2 botte de ciboulette
1/2 citron (jus)
Sel, poivre du moulin

tourbillons de blé noir
au saumon fumé

- Suivant la recette des galettes de blé noir (voir p. 22), préparez la pâte et laissez-la reposer 30 min à température ambiante. Dans une poêle légèrement huilée, faites cuire 4 galettes. Conservez le reste de pâte au frais pour une utilisation ultérieure ou congelez-le dans une petite bouteille en plastique.
- Préparez la garniture : dans un saladier, battez le fromage de chèvre frais avec la crème liquide et le raifort. Ajoutez le jus du demi-citron et la ciboulette ciselée, réservez 4 brins pour la présentation. Salez, poivrez généreusement.
- Tartinez 1 galette froide de cette préparation (1 bonne cuil. à soupe) et déposez par-dessus 2 petites tranches de saumon fumé pour qu'elles recouvrent toute la surface de la galette.
- Déposez au centre de la galette 1 brin de ciboulette pour qu'il dépasse des 2 côtés. Roulez la galette le plus serré possible et emballez le rouleau ainsi obtenu dans du film alimentaire. Procédez de la même façon avec les 3 autres galettes et mettez au réfrigérateur pour 1 h au moins.
- Au moment de servir, découpez chaque rouleau en 4 tronçons, retirez le film alimentaire et servez avec des petites piques en bois à l'apéritif.

Et pourquoi pas ?
- Vous pouvez remplacer le saumon par de la truite fumée et le raifort par du wasabi.
- Pensez à associer saumon et aneth et remplacez la ciboulette par cette dernière.

Les recettes salées

les recettes **sucrées**

Préparation : 10 min
Repos de la pâte : 30 min
Cuisson : 2 à 3 min par crêpe
+ environ 10 min

Pour 8 crêpes

Pour la pâte
250 g de farine de froment
3 œufs
50 cl de lait
30 g de beurre fondu
2 cuil. à soupe de sucre en poudre
1 sachet de sucre vanillé
5 cl d'huile neutre
1 pincée de sel

Pour la garniture
110 g de sucre en poudre
75 g de beurre
2 œufs
2 citrons (jus)
1 cuil. à café rase de Maïzena
2 cuil. à soupe de graines
  de sésame noir

crêpes au lemon curd
et sésame noir

- Suivant la recette des crêpes sucrées à la farine de froment (voir p. 21), préparez la pâte et laissez-la reposer 30 min à température ambiante.
- Préparez le lemon curd : faites chauffer le jus des citrons dans une casserole sur feu très doux, ajoutez le sucre en poudre et laissez-le se dissoudre dans le jus. Pendant ce temps, dans un saladier, battez les œufs avec la Maïzena. Versez le liquide chaud par-dessus sans cesser de battre. Re-transvasez dans la casserole, ajouter le beurre en petits morceaux et faites cuire sur feu doux 8 min sans jamais cesser de mélanger et jusqu'à ce que le mélange épaississe. Retirez alors du feu et versez le lemon curd dans un pot. Laissez refroidir.
- Dans une poêle légèrement huilée, faites cuire 8 crêpes. Conservez le reste de pâte au réfrigérateur pour une utilisation ultérieure ou congelez-le dans une bouteille en plastique.
- Faites griller les graines de sésame noir à sec dans une poêle antiadhésive.
- Tartinez les crêpes tièdes de lemon curd refroidi et parsemez de sésame grillé. Roulez les crêpes et dégustez-les !

Et pourquoi pas ?
- Vous pouvez remplacer le sésame noir par du sésame blanc ou des graines de pavot bleu.
- Vous pouvez remplacer le jus de citron par du jus de fruit de la passion ou par du jus d'orange.

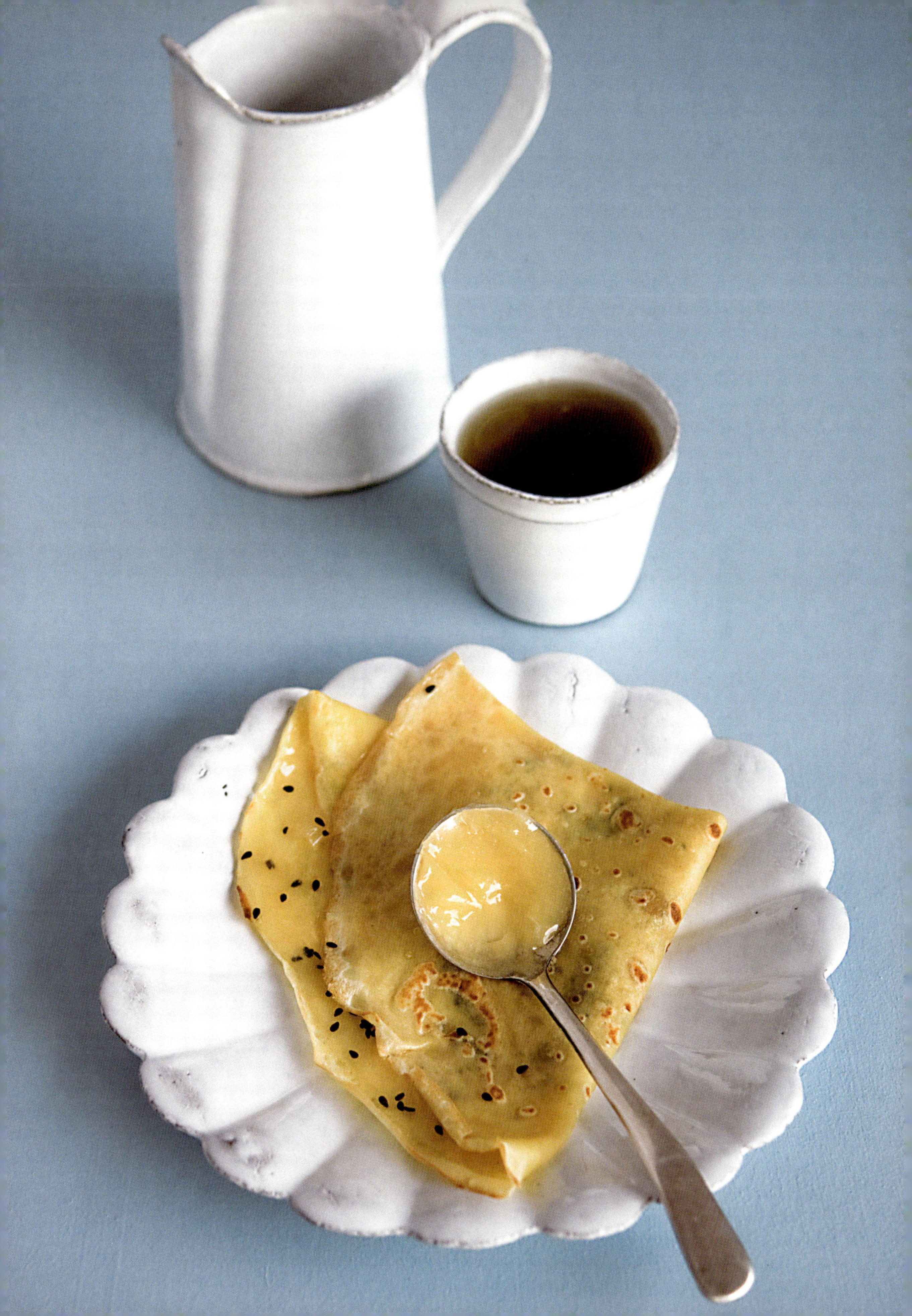

Préparation : 20 min
Repos de la pâte : 30 min
Cuisson : 2 à 3 min par crêpe + 11 min

Pour 4 crêpes

Pour la pâte
250 g de farine de froment
3 œufs
50 cl de lait
30 g de beurre fondu
2 cuil. à soupe de sucre en poudre
1 sachet de sucre vanillé
5 cl d'huile neutre
1 pincée de sel

Pour la garniture
2 bananes pas trop mûres
1/2 orange (jus)
20 g de beurre
2 cuil. à soupe de sucre en poudre
5 cl de rhum brun

crêpes flambées à la banane

- Suivant la recette des crêpes sucrées à la farine de froment (voir p. 21), préparez la pâte et laissez-la reposer 30 min à température ambiante. Dans une poêle légèrement huilée, faites cuire 4 crêpes. Conservez le reste de pâte au réfrigérateur pour une utilisation ultérieure ou congelez-le dans une bouteille en plastique.
- Préchauffez le four à 180° C (th. 6)
- Épluchez les bananes et coupez-les en deux dans le sens de la longueur. Pressez la demi-orange.
- Faites chauffer une grande poêle à feu vif avec 10 g de beurre. Dès qu'il est mousseux, déposez les demi-bananes à plat dans la poêle. Laissez dorer 2 min de chaque côté, puis saupoudrez de 1 cuil. à soupe de sucre en poudre et de 2 cuil. à soupe de jus d'orange. Poursuivez la cuisson 2 min pour que les bananes caramélisent.
- Déposez une demi-banane sur le bord d'une crêpe et roulez-la. Rabattez les extrémités sous le rouleau pour qu'elle soit bien fermée. Posez les rouleaux de crêpes ainsi obtenus dans un plat allant au four. Saupoudrez de 1 cuil. à soupe de sucre en poudre et de 10 g de beurre en copeaux et arrosez de 1 cuil. à soupe de jus d'orange. Faites dorer à four chaud pendant 5 min.
- Pendant ce temps, faites chauffer le rhum dans une petite casserole.
- Sortez le plat du four, flambez le rhum en grattant une longue allumette au-dessus de la casserole (voir p. 17) et versez sur les crêpes. Dégustez chaud.

Et pourquoi pas ?
- Vous pouvez réaliser la même recette sans flamber les crêpes et donc sans rhum.
- Remplacez le jus d'orange par du jus de citron vert, le sucre en poudre par du sucre vanillé, de la cassonade ou encore du sucre muscovado pour un goût plus « typé ».
- Ces crêpes sont délicieuses accompagnées d'une boule de glace vanille ou d'une sauce chaude au chocolat : faites fondre 100 g de bon chocolat noir avec 2 cuil. à soupe d'eau, et nappez-en les crêpes.
- Essayez ces crêpes en version mini avec de toutes petites bananes.

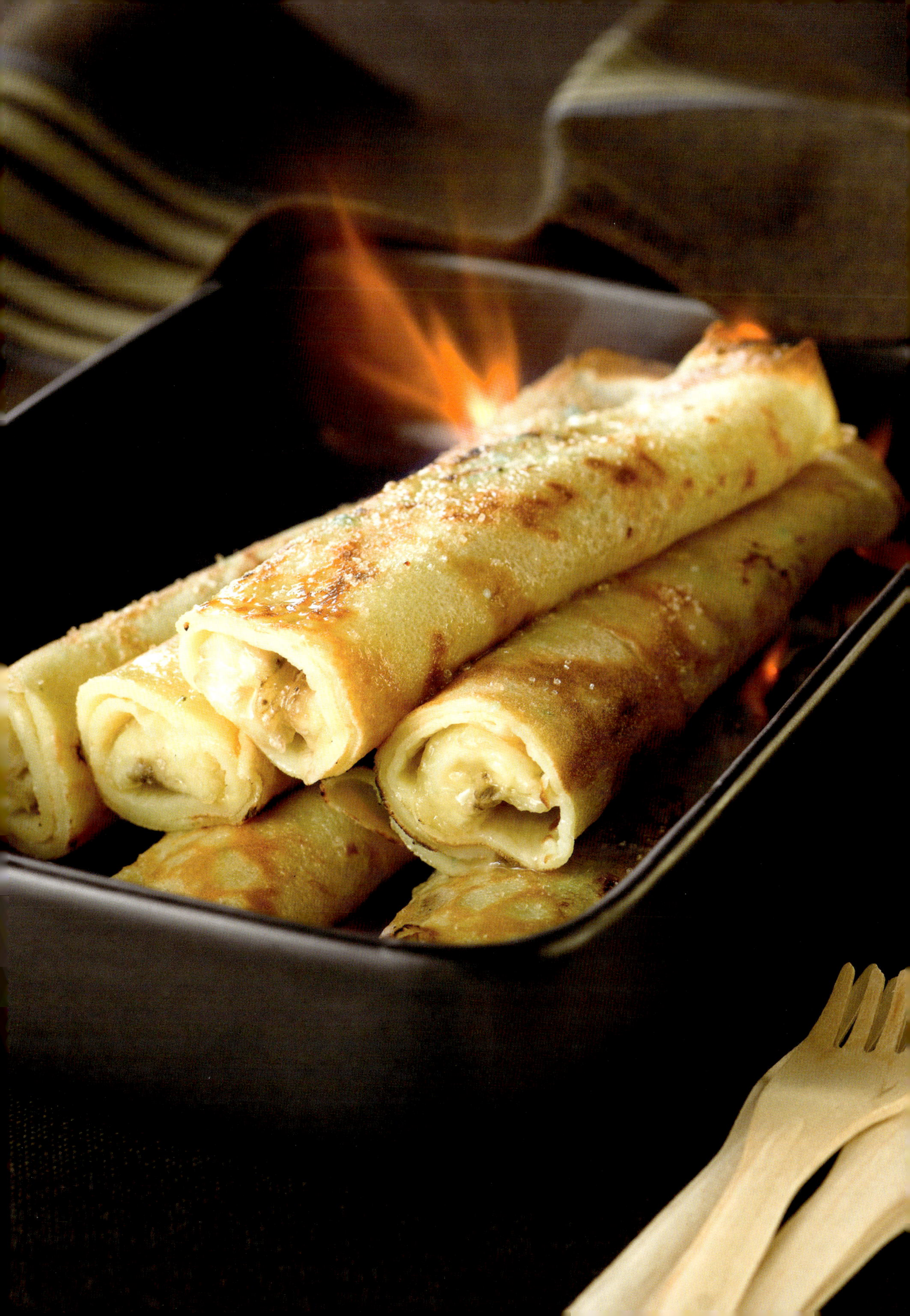

Préparation : 10 min
Repos de la pâte : 30 min
Cuisson : 2 à 3 min par crêpe + 55 min

Pour 4 cigares

Pour la pâte
250 g de farine de froment
3 œufs
50 cl de lait
30 g de beurre fondu
2 cuil. à soupe de sucre en poudre
1 cuil. à soupe de rhum brun (facultatif)
1 sachet de sucre vanillé
5 cl d'huile neutre
1 pincée de sel

Pour la garniture
400 g de rhubarbe
100 g de sucre en poudre
 + 1 cuil. à soupe
1/2 citron (jus)
1 cuil. à café de cannelle en poudre
1/2 cuil. à café de gingembre en poudre
1 cuil. à café de mélange 4-épices
5 cl d'eau

cigares de crêpes à la rhubarbe épicée

- Suivant la recette des crêpes sucrées à la farine de froment (voir p. 21), préparez la pâte et laissez-la reposer 30 min à température ambiante. Dans une poêle légèrement huilée, faites cuire 4 crêpes. Conservez le reste de pâte au réfrigérateur pour une utilisation ultérieure ou congelez-le dans une bouteille en plastique.
- Faites préchauffer le four à 200 °C (th. 6-7).
- Préparez la garniture : lavez et épluchez légèrement la rhubarbe. Coupez le bout des tiges de façon à ce qu'elle fasse un peu moins que le diamètre de vos crêpes.
- Déposez-les dans un plat allant au four. Mélangez les 100 g de sucre en poudre avec le 4-épices, la cannelle et le gingembre et saupoudrez-en la rhubarbe. Arrosez du jus du demi-citron et de 5 cl d'eau. Couvrez de papier aluminium et enfournez pour 45 min.
- Une fois la rhubarbe cuite, débarrassez-la du plat en l'égouttant bien et réservez le jus de cuisson. Déposez chaque tige sur le bord d'une crêpe et roulez en cigare. Déposez les crêpes dans un plat à gratin et saupoudrez de 1 cuil. à soupe de sucre en poudre. Enfournez pour 10 min.
- Pendant ce temps, versez le jus de cuisson de la rhubarbe dans une petite casserole, portez à ébullition et laissez réduire de moitié pour qu'il soit sirupeux (5 min environ).
- Sortez les crêpes du four, déposez-les sur le plat de service et nappez-les du sirop de cuisson. Dégustez tiède.

Astuces. Vous pouvez préparer les crêpes et la rhubarbe à l'avance et faire les cigares au dernier moment. Gardez le reste de sirop qui agrémentera délicieusement un yaourt nature.

Et pourquoi pas ?
- Vous pouvez également réaliser une compote fraises-rhubarbe. Dans ce cas, ajoutez des fraises à la rhubarbe lors de l'assemblage, juste avant de rouler la crêpe.

Les recettes sucrées

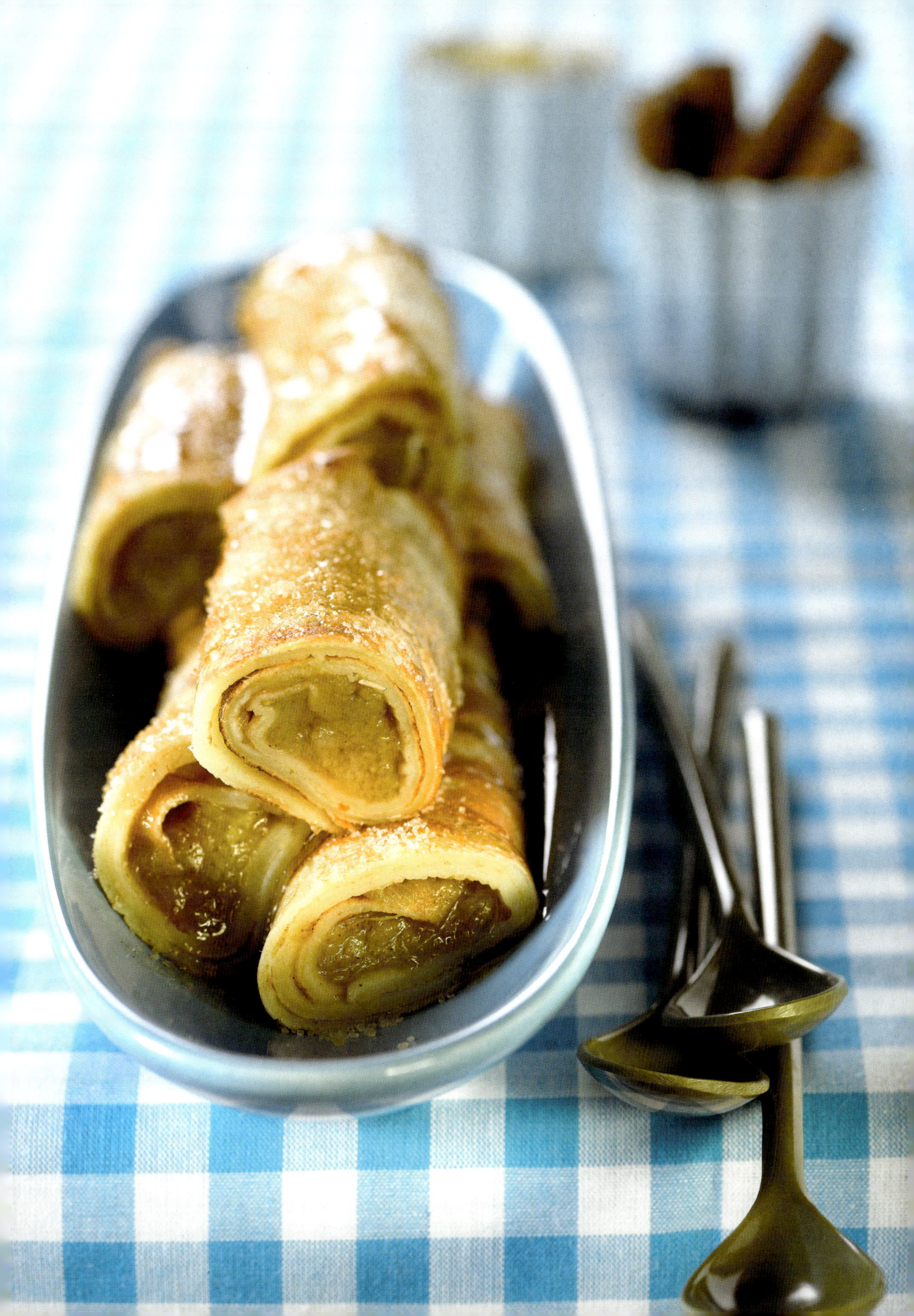

Préparation : 15 min
Repos de la pâte : 30 min
Refroidissement : 30 min
Cuisson : 2 à 3 min par crêpe + 15 min

Pour 4 crêpes

Pour la pâte
250 g de farine de froment
3 œufs
50 cl de lait
30 g de beurre fondu
2 cuil. à soupe de sucre en poudre
1 sachet de sucre vanillé
5 cl d'huile neutre
1 pincée de sel

Pour la garniture
50 g de grains de cassis
3 œufs (2 jaunes + 3 blancs)
10 cl de crème de cassis
1 cuil. à soupe rase de Maïzena
25 g de sucre en poudre
10 g de beurre
10 cuil. à soupe de sucre glace

crêpes soufflées au cassis

- Suivant la recette des crêpes sucrées à la farine de froment (voir p. 21), préparez la pâte et laissez-la reposer 30 min à température ambiante.
- Dans une poêle légèrement huilée, faites cuire 4 crêpes. Conservez le reste de pâte au réfrigérateur pour une utilisation ultérieure ou congelez-le dans une bouteille en plastique.
- Préparez la garniture : faites chauffer la crème de cassis dans une casserole sur feu doux. Quand elle bout, retirez du feu, ajoutez la Maïzena et fouettez vivement, ajoutez les 2 jaunes d'œufs et le beurre. Remettez sur feu très doux et laissez cuire 5 min sans cesser de fouetter pour obtenir un léger épaississement. Retirez du feu et laissez refroidir.
- Lorsque la crème est froide, préchauffez le four à 180 °C (th. 6).
- Montez les blancs en neige. Ajoutez le sucre en poudre à mi-montage.
- Mélanger les grains de cassis à la crème de cassis puis incorporez le tout délicatement aux blancs d'œufs. Fourrez les crêpes de ce mélange, repliez-les en chausson et placez-les dans un plat à gratin.
- Saupoudrez de sucre glace tamisé et enfournez pour 7 min pour que les crêpes soient bien gonflées.
- Dégustez dès la sortie du four, éventuellement accompagné de coulis de fruit rouge ou de crème anglaise.

Et pourquoi pas ?
- En version framboise : avec des framboises fraîches et de la crème de framboise.
- Réalisable aussi avec la recette de crêpes au lait d'amande (voir p. 24) ou à l'eau (voir p. 25).

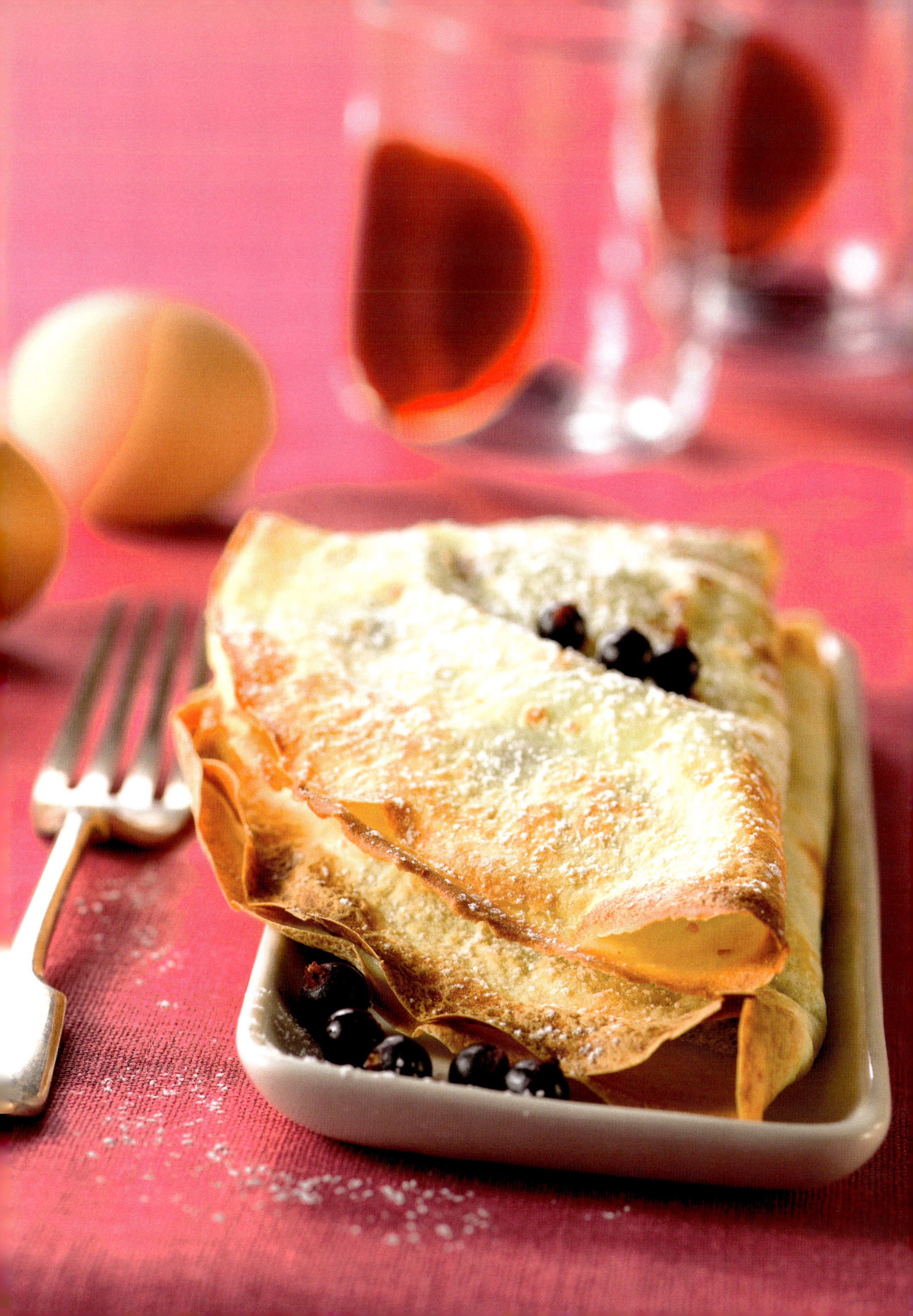

Préparation : 15 min
Cuisson : 2 min par crêpe
Refroidissement : 30 min

Pour 6 sandwiches

Pour la pâte
80 g de farine de froment
1 œuf
10 cl de lait
10 g de beurre fondu
2 cuil. à soupe de cacao en poudre
5 cl d'huile neutre

Pour la ganache
100 g de chocolat noir (à 70 % de cacao)
15 cl de crème liquide entière
Sucre glace pour le service

sandwiches de mini-crêpes tout choco

- Préparez la pâte à crêpes au chocolat : mélangez la farine et le cacao dans un saladier et faites un puits au centre. Versez-y l'œuf et commencez à fouetter. Quand cela devient difficile, ajoutez une petite quantité de lait et fouettez jusqu'à ce que le mélange soit homogène. Ajoutez enfin le reste du lait, le beurre fondu et mélangez.
- Faites chauffer à feu moyen une poêle à blinis légèrement huilée. Versez 1 demi-louche de pâte et laissez saisir 1 min. Retournez la mini-crêpe et prolongez la cuisson de 1 min.
- Débarrassez la mini-crêpe dans une assiette et procédez de la même façon jusqu'à épuisement de la pâte.
- Préparez la ganache : faites chauffer la crème liquide dans une casserole, à feu doux, jusqu'à frémissement. Retirez du feu et ajoutez le chocolat cassé en petits morceaux et fouettez vivement. Laissez tiédir.
- Préparez les sandwiches : étalez 1 bonne cuil. à café de ganache sur une mini-crêpe, couvrez d'une autre mini-crêpe et appuyez doucement. Procédez de même pour les autres sandwiches. Placez au frais 30 min. Avant de servir, poudrez de sucre glace.

Et pourquoi pas ?
- Petit plus : ajouter à la ganache de la noix de coco râpée ou des amandes effilées.
- Pensez à parfumer votre ganache à la vanille, à la cannelle, à l'amande (avec 1 cuil. à café d'arôme d'amande amère) ou plus original au safran (avec 2 pistils de safran infusés dans la crème liquide) ou au piment d'Espelette (avec 1/2 cuil. à café de piment d'Espelette).
- Vous pouvez aussi réaliser des mini-sandwichs blancs à mêler aux noirs : réalisez la même pâte à crêpes sans le cacao, et préparez une ganache au chocolat blanc en faisant fondre 100 g de chocolat blanc avec 10 cl de crème liquide et 1 gousse de vanille grattée. Procédez de la même façon pour monter les mini-sandwichs.

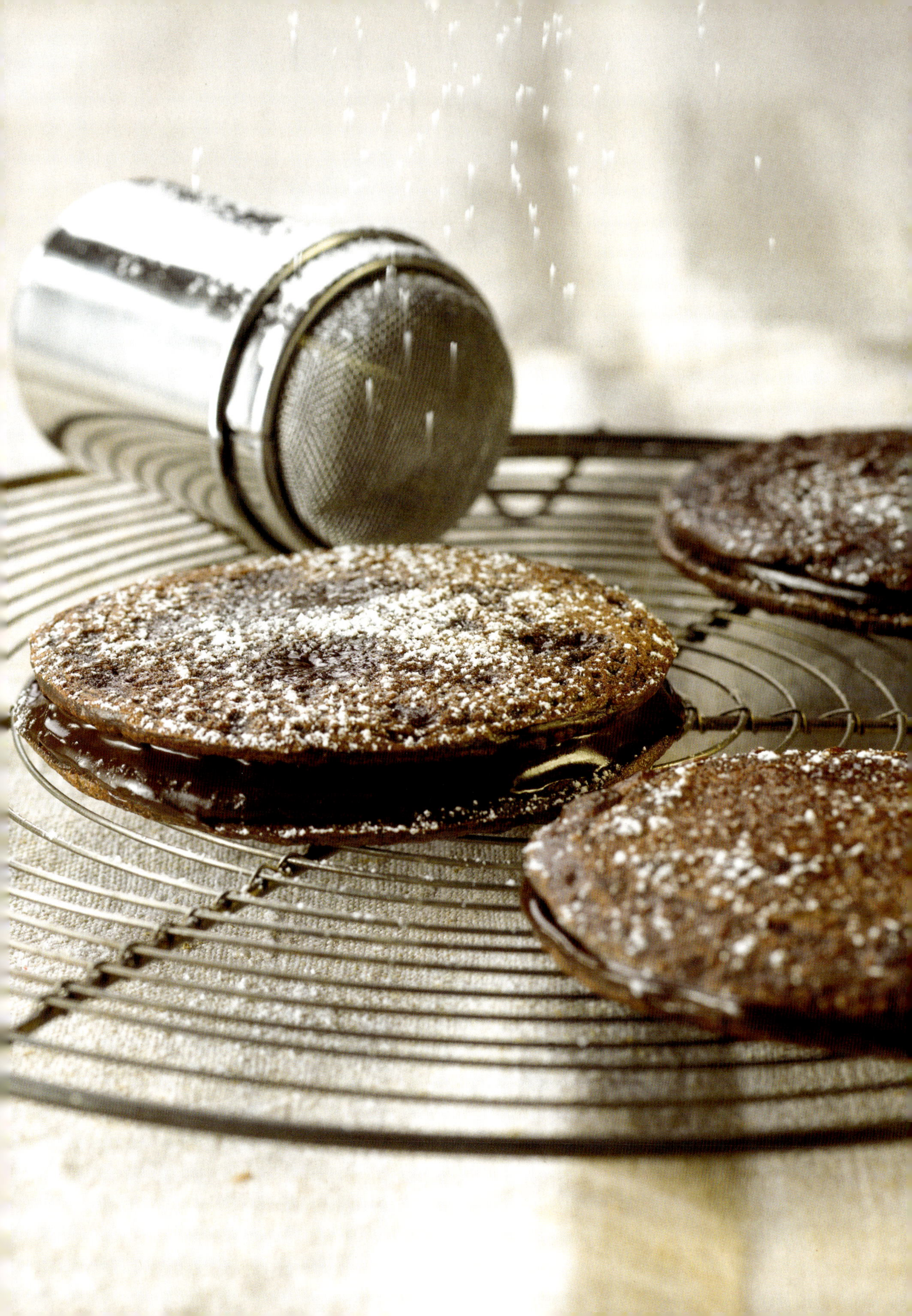

Préparation : 15 min
Repos de la pâte : 30 min
Cuisson : 2 à 3 min par crêpe + 20 min
Refroidissement : 1 à 2 h

Pour 1 gâteau

Pour la pâte
250 g de farine de froment
3 œufs
50 cl de lait
30 g de beurre fondu
2 cuil. à soupe de sucre en poudre
1 cuil. à soupe de rhum brun (facultatif)
1 sachet de sucre vanillé
5 cl d'huile neutre
1 pincée de sel

Pour la ganache
100 g de chocolat noir
 (à 70 % de cacao)
20 cl de crème fraîche liquide
20 g de beurre pour le moule
5 cuil. à soupe de confiture d'oranges
1/2 orange (jus)
1 cuil. à soupe de sucre glace

gâteau de crêpes façon Pim's

- Suivant la recette des crêpes sucrées à la farine de froment (voir p. 21), préparez la pâte et laissez-la reposer 30 min à température ambiante.
- Préparez un bain-marie : déposez une grande assiette sur une casserole remplie au tiers d'eau, le tout sur feu doux.
- Dans une poêle légèrement huilée, faites cuire 20 crêpes. Gardez les crêpes au chaud sur l'assiette posée sur le bain-marie, afin qu'elle ne sèchent pas.
- Beurrez un moule à manqué d'un diamètre équivalent ou légèrement plus grand que vos crêpes.
- Préchauffez le four à 150 °C (th. 5).
- Préparez la ganache : faites chauffer la crème liquide dans une casserole, à feu doux, jusqu'à frémissement. Retirez du feu et ajoutez le chocolat cassé en petits morceaux et fouettez vivement puis laissez tiédir pendant 5 min.
- Déposez une crêpe au fond du moule et tartinez-la d'une fine couche de ganache au chocolat sur toute sa surface. Surmontez d'une deuxième crêpe que vous badigeonnerez de confiture d'oranges. Répétez l'opération jusqu'à épuisement des crêpes et finissez par une crêpe nature.
- Enfournez le gâteau de crêpes pour 20 min de cuisson.
- À la sortie du four, démoulez le gâteau et arrosez du jus de la 1/2 orange mélangé au sucre glace. Laissez refroidir durant 1 à 2 h avant de servir.

Astuces. Vous pouvez congeler ce gâteau et simplement le sortir 6 h avant de servir. Pour bien découper un gâteau de crêpes : commencez par piquer le centre du gâteau avec un couteau pointu et coupez la part progressivement.

Et pourquoi pas ?
- La confiture d'oranges peut être remplacée par de la confiture de fraises ou d'abricots (dans ce dernier cas, vous obtenez un gâteau de crêpes façon Sachertorte).

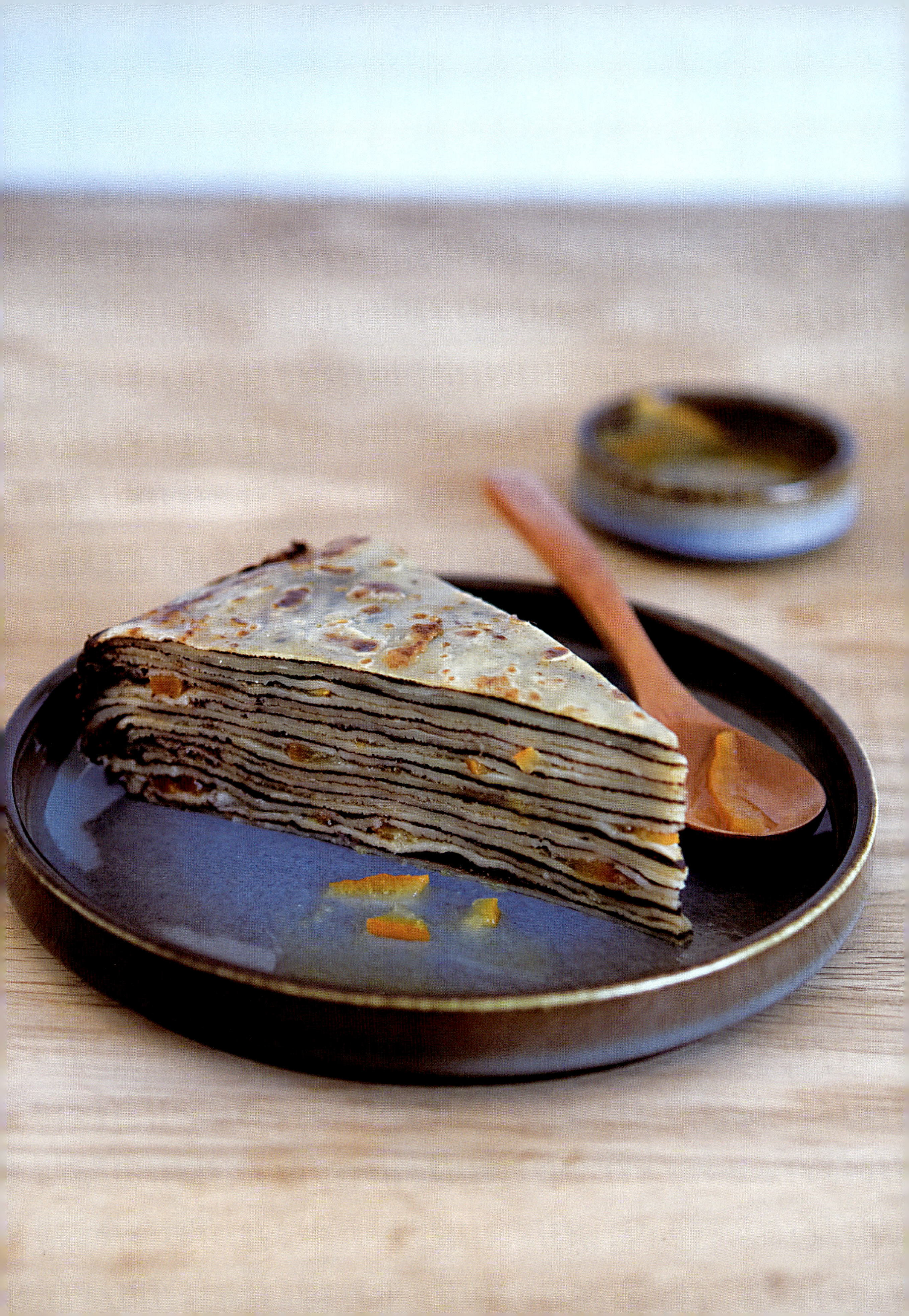

Préparation : 10 min
Repos de la pâte : 30 min
Infusion : 10 min
Refroidissement : 10 min
Cuisson : 2 à 3 min par crêpe + 5 min

Pour 8 crêpes

Pour la pâte
250 g de farine de froment
3 œufs
50 cl de lait
30 g de beurre fondu
2 cuil. à soupe de sucre en poudre
1 cuil. à soupe de rhum brun (facultatif)
1 sachet de sucre vanillé
5 cl d'huile neutre
1 pincée de sel

Pour la garniture
100 g de bon pain d'épices
15 cl de crème fraîche liquide
10 cl de lait entier

crêpes à la crème de pain d'épices

- Suivant la recette des crêpes sucrées à la farine de froment (voir p. 21), préparez la pâte et laissez-la reposer 30 min à température ambiante.
- Préparez la garniture : faites chauffer le lait et la crème liquide dans une casserole, à feu doux, jusqu'à frémissement. Retirez du feu.
- Coupez le pain d'épices en petits dés et ajoutez-les à la crème chaude. Couvrez et laissez infuser pendant 10 min.
- Versez ensuite la préparation dans le bol du mixeur et mixez finement le tout. Versez la pâte à tartiner ainsi obtenue dans un petit pot et laissez refroidir.
- Pendant ce temps, préparez un bain-marie : déposez une grande assiette sur une casserole remplie au tiers d'eau, le tout sur feu doux.
- Dans une poêle légèrement huilée, faites cuire 20 crêpes. Gardez les crêpes au chaud sur l'assiette posée sur le bain-marie.
- Répartissez la crème de pain d'épices dans de jolies coupelles individuelles avec les crêpes pour que chacun tartine à sa guise.

Astuce. Si vous conservez cette crème, couvrez-la de film alimentaire au contact même de la crème, cela évitera la formation d'une peau.

Et pourquoi pas ?
- Servez la crème de pain d'épices dans de jolies tasses à thé, des coquetiers...
- Remplacez le pain d'épices par des spéculoos.

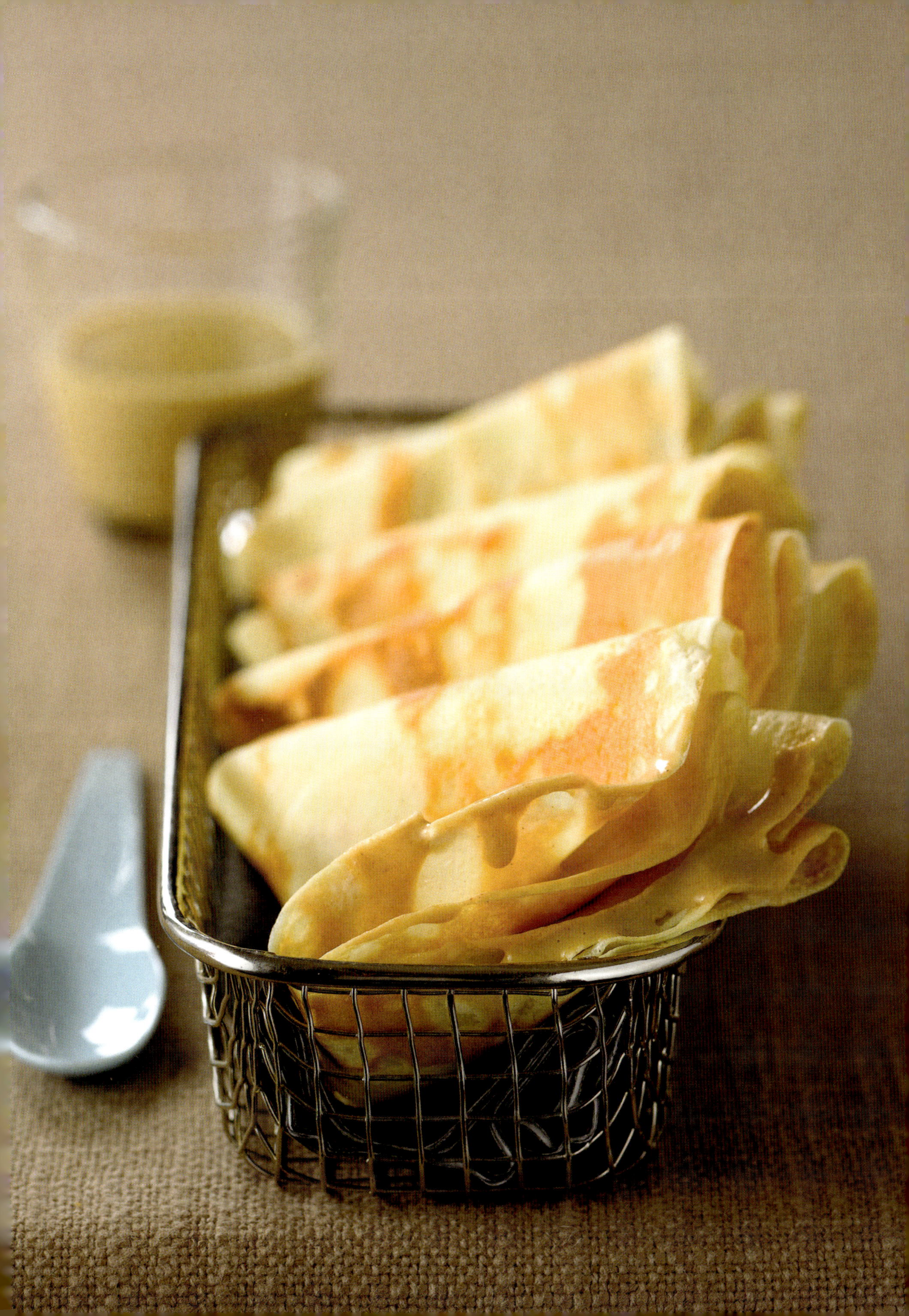

Préparation : 20 min
Repos de la pâte : 30 min
Cuisson : 2 à 3 min par crêpe + 5 min

Pour 8 crêpes

Pour la pâte
125 g de farine de froment
2 cuil. à soupe de sucre en poudre
1 œuf
20 cl de lait
15 g de beurre fondu
8 cl de curaçao bleu
5 cl d'huile neutre
1 pincée de sel

Pour la garniture
5 oranges non traitées
10 g de beurre
1 cuil. à soupe de sucre en poudre
Sucre glace

crêpes bleues à l'orange

- Préparez la pâte à crêpes : versez la farine, le sucre en poudre et le sel dans un saladier et creusez un puits au milieu. Cassez-y l'œuf et commencez à fouetter. Quand cela devient difficile, ajoutez 5 cl de lait et fouettez jusqu'à ce que le mélange prenne une consistance de pâte à gâteau homogène, cette étape est la garantie anti-grumeaux ! Ajoutez enfin le reste du lait, le curaçao et le beurre fondu en fouettant doucement. Couvrez d'un linge propre et laissez reposer à température ambiante pendant 30 min.
- Préparez la garniture : prélevez le zeste de 1 orange, hachez-le et réservez. Pelez à vif les 4 oranges et prélevez les quartiers. Pressez le jus de l'orange restante et conservez la moitié du jus.
- Découpez les quartiers d'oranges en petits dés (vous pouvez aussi conserver les quartiers entiers). Faites chauffer le beurre dans une poêle. Quand il est mousseux, ajoutez les dés d'oranges, le jus et le zeste. Saupoudrez de sucre en poudre et laissez cuire 4 min à feu doux. Éteignez le feu et couvrez pour garder au chaud.
- Faites chauffer une poêle à crêpes légèrement huilée à feu moyen.
- Versez une louche de pâte au curaçao dans la poêle et répartissez-la rapidement en effectuant un mouvement circulaire de la poêle.
- Quand le fond a bien pris, retournez la crêpe, baissez le feu et prolongez la cuisson de 1 min.
- Disposez alors sur la crêpe 1 bonne cuil. à soupe de garniture à l'orange. Procédez de même pour réaliser les 7 autres crêpes. Arrosez du jus d'orange réservé.
- Servez les crêpes poudrées de sucre glace.

Et pourquoi pas ?
- Faites revenir les crêpes garnies et pliées en quatre dans du beurre mousseux et flambez au Grand Marnier : vous obtiendrez des crêpes Suzette originales !
- Accompagnez de glace à la cannelle.

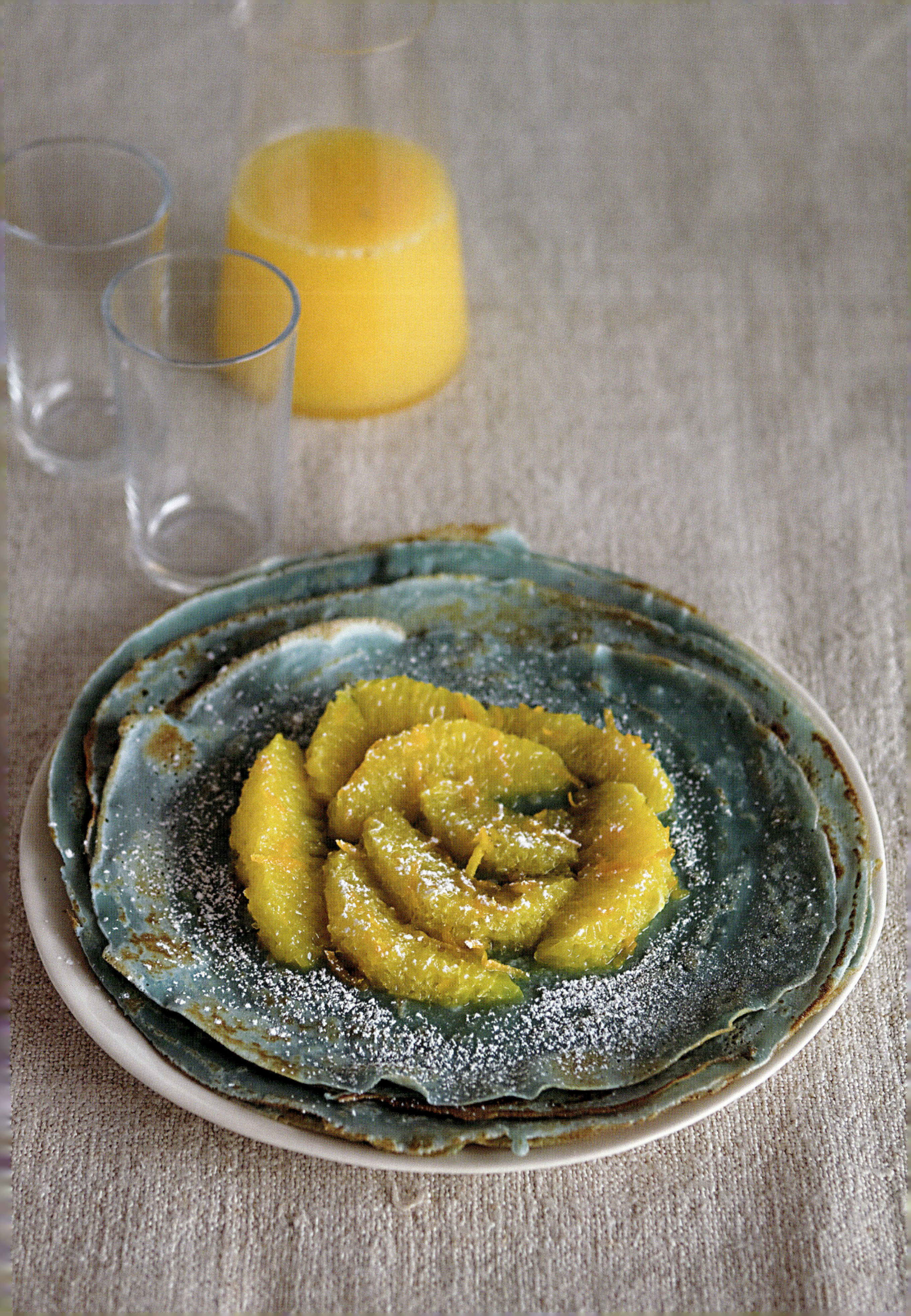

Préparation : 15 min
Cuisson : environ 3 min par pancake

Pour 12 pancakes

3 bananes bien mûres
125 g de farine de froment
1 œuf
15 cl de lait entier
10 g de beurre fondu
2 cuil. à soupe de miel liquide
5 cl d'huile neutre
1 pincée de sel

banana pancakes

- Épluchez 2 bananes et écrasez-les finement à la fourchette dans un saladier. Ajoutez le lait, le miel, le jaune d'œuf et le beurre fondu. Fouettez le tout. Ajoutez petit à petit la farine et le sel en continuant de fouetter doucement.
- Montez le blanc d'œuf en neige et incorporez-le délicatement à la préparation.
- Épluchez la troisième banane et coupez-la en 12 rondelles.
- Faites chauffer à feu moyen une poêle à blinis légèrement huilée. Versez-y une louche de pâte à la banane. Répartissez-la au fond de la poêle et posez une rondelle de banane au centre en appuyant doucement. Quand le dessus du pancake est figé, retournez-le et prolongez la cuisson de 2 min. Conservez au chaud sur un bain-marie.
- Dégustez chaud ou froid avec une sauce chocolat (faites fondre 100 g de bon chocolat noir avec 2 cuil. à soupe d'eau, et nappez-en les crêpes).

Et pourquoi pas ?
- Ajoutez des pépites de chocolat ou de caramel pour obtenir des pancakes encore plus gourmands.
- Remplacez les bananes par une petite mangue écrasée grossièrement.
- Servez avec de la glace à la noix de coco roulée rapidement dans de la noix de coco râpée.

Préparation : 10 min
Cuisson : environ 3 min par crêpe

Pour 12 crêpes dentelle

125 g de farine de froment
120 g de sucre en poudre
2 œufs
40 cl de lait
30 g de beurre fondu
1 sachet de sucre vanillé
5 cl d'huile neutre
1 pincée de sel

crêpes dentelle

- Versez la farine, les sucres et le sel dans un saladier. Mélangez. Ajoutez les œufs et fouettez doucement. Quand cela devient difficile, ajoutez 5 cl de lait et fouettez à nouveau pour obtenir un mélange homogène. Versez alors le reste de lait et le beurre fondu sans cesser de remuer.
- Faites chauffer sur feu moyen une poêle à crêpes légèrement huilée. Quand elle est chaude, versez-y une petite quantité de pâte de façon à réaliser une crêpe la plus fine possible – au besoin, n'hésitez pas à faire glisser l'excédent dans le saladier de pâte crue. Quand le dessous de la crêpe est bien coloré et le dessus cuit, roulez délicatement la crêpe dans la poêle en vous aidant de 2 spatules en bois. Vous devez obtenir une crêpe en forme de cornet. Faites glisser sur une assiette et procédez de la même façon jusqu'à épuisement de la pâte.
- Laissez bien refroidir et sécher à l'air libre avant de déguster croquant en accompagnement d'une glace ou d'un café.

Et pourquoi pas ?
- Une fois les crêpes refroidies et croquantes, vous pourrez les fourrer à l'aide d'une poche à douille avec de la crème pâtissière à la vanille ou avec 125 g de ricotta mélangée à 1 sachet de sucre vanillé et des fruits confits hachés.

Préparation : 10 min
Repos de la pâte : 2 h
Cuisson : 1 min par mini-crêpe

Pour 12 beignets

125 g de farine de froment
1/2 sachet de levure chimique
1/2 cuil. à café de sucre
 en poudre + pour servir
15 cl d'eau
Huile pour friture
1 pincée de sel

beignets de crêpes ibériques

- Dans un petit bol, versez la levure, le sucre en poudre et 1 cuil. à café d'eau. Laissez gonfler 5 min.
- Dans un saladier, versez la farine, le sel, la levure diluée et un peu d'eau. Commencez à pétrir avec les doigts et ajoutez le reste d'eau petit à petit pour former une boule de pâte lisse. Laissez reposer dans un endroit tiède recouvert d'un linge humide pendant 2 h au moins.
- Formez des petites boules de pâte entre vos mains de la taille d'une noix et étalez-les au rouleau le plus finement possible.
- Remplissez une sauteuse d'huile aux deux tiers et faites chauffer sur feu moyen. Quand l'huile est chaude, déposez prudemment 1 mini-crêpe dans la friture, laissez colorer 1 min en la retournant pour qu'elle soit bien dorée. Débarrassez sur un plat couvert de papier absorbant. Procédez de la même façon pour les autres beignets de crêpe.
- Servez tiède, généreusement saupoudré de sucre en poudre.

Et pourquoi pas ?
- Vous pouvez proposer sur la table quelques ramequins remplis de différentes confitures ou de chocolat fondu pour tremper les mini-crêpes.
- N'hésitez pas à aromatiser le sucre dont vous recouvrez les mini-crêpes frites : cannelle, vanille...

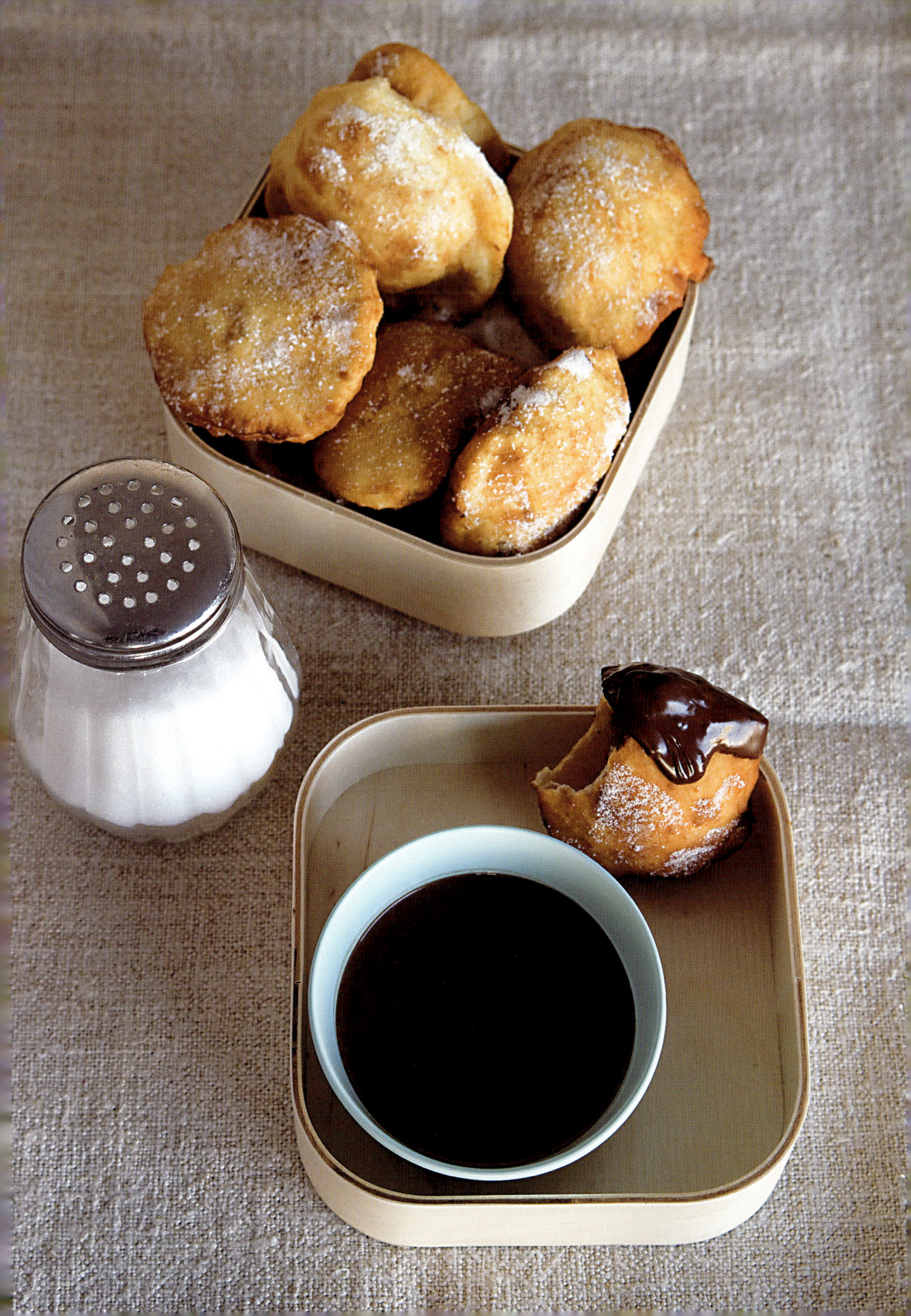

Préparation : 10 min
Cuisson : 2 à 3 min par crêpe

Pour 15 crêpes

200 g de semoule de blé extra-fine
35 cl d'eau tiède
2 sachets 1/2 de levure chimique
1 cuil. à café de sucre en poudre
5 cl d'huile neutre
1 pincée de sel

Pour accompagner
6 cuil. à soupe de bon miel liquide
25 g de beurre

crêpes mille trous de Khadija

- Versez 2 sachets de levure et le sucre en poudre dans un petit bol. Ajoutez 1 cuil. à café d'eau tiède, mélangez et laissez gonfler 5 min.
- Versez la semoule, l'eau tiède, la levure montée et le sel dans le bol du mixeur. Mixez pendant 1 min.
- Faites lever le demi-sachet de levure restant dans 1/2 cuil. à café d'eau et ajoutez à la pâte. Mélangez au fouet.
- Faites chauffer une poêle à blinis légèrement huilée sur feu vif et déposez 1/4 de louche de pâte pour obtenir une galette très fine.
Baissez immédiatement le feu et laissez cuire jusqu'à ce que des bulles se forment à la surface et que celle-ci soit prise. Ne retournez pas et faites glisser sur un plat. Procédez de la même façon avec le reste de la pâte et réservez sur un très grand plat en évitant que les crêpes se chevauchent.
- Faites fondre le beurre dans une casserole, ajoutez le miel et laissez-le se dissoudre. Versez dans un petit pichet ou un pot que vous mettrez sur la table pour arroser les crêpes mille trous. Dégustez au petit déjeuner avec du thé à la menthe.

Astuce. Si vous ne disposez pas d'une poêle à blinis, utilisez une grande poêle à crêpes et formez plusieurs galettes d'environ 8 cm de diamètre que vous ferez cuire en même temps dans la poêle.

Et pourquoi pas ?
  - À la place du miel, dégustez ces crêpes avec des figues confites au sirop.

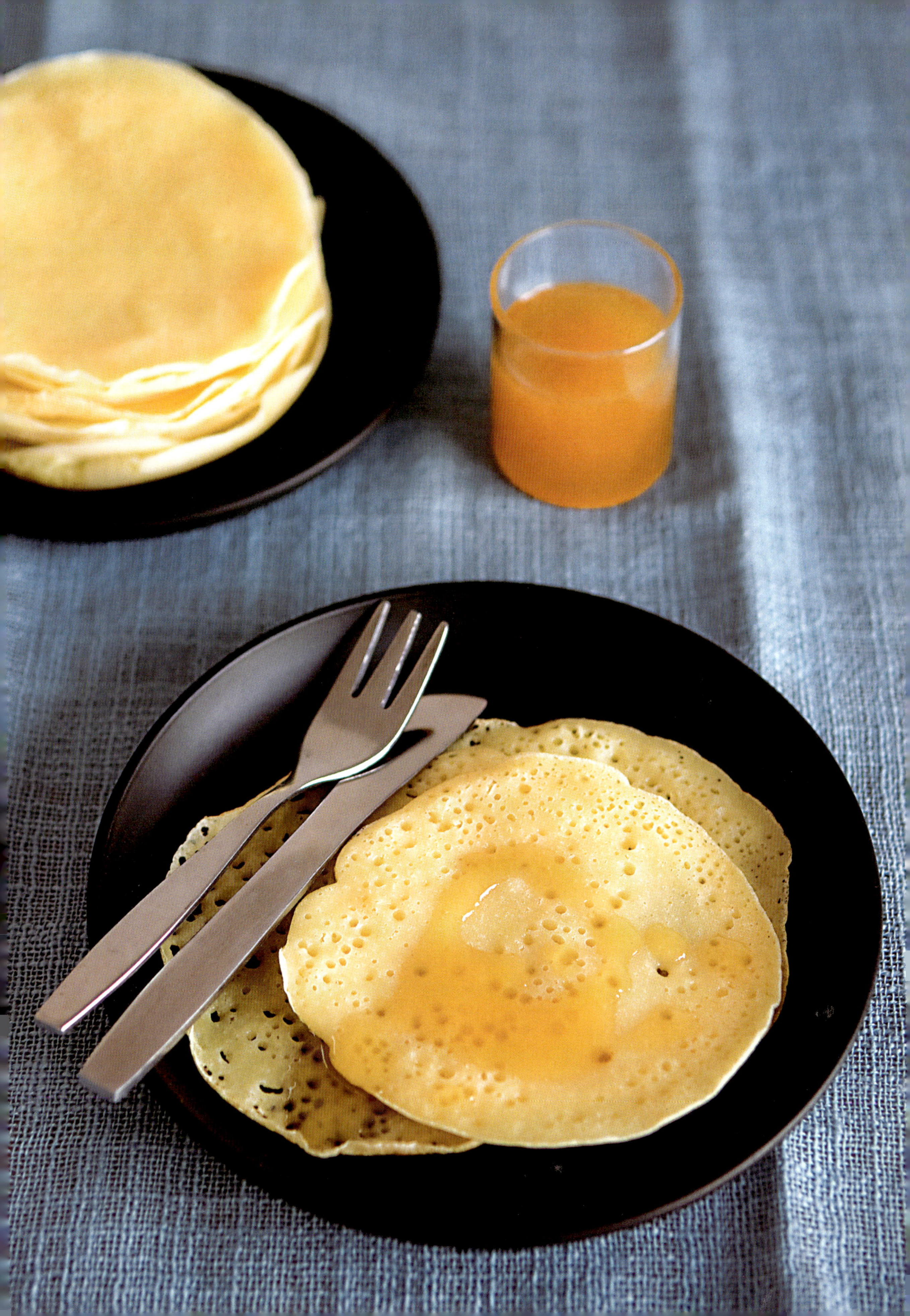

Préparation : 15 min
Repos de la pâte : 1 h
Cuisson : 3 min par crêpe

Pour 8 crêpes

Pour la pâte
120 g de farine de froment
25 cl de lait de coco non sucré
2 œufs
1 cl d'huile neutre + 5 cl
1/2 citron vert non traité (zeste)
2 cuil. à soupe de sucre de canne

Pour le coulis de kiwi
4 kiwis
2 cuil. à soupe de sirop
  de sucre de canne

crêpes au lait de coco
et coulis de kiwi

- Versez la farine, le zeste râpé du demi-citron vert et le sucre de canne dans un saladier, ajoutez les œufs et commencez à fouetter. Quand cela devient difficile ajoutez le lait de coco petit à petit, puis 1 cl d'huile sans cesser de fouetter. Couvrez la pâte d'un linge propre et laissez reposer 1 h au frais.
- Faites chauffer une poêle à crêpes légèrement huilée. Quand elle est chaude, versez une louche de pâte au lait de coco et étalez-la sur toute la surface de la poêle. Quand le dessous est coloré, retournez la crêpe et prolongez la cuisson de 1 min. Gardez la crêpe au chaud dans un plat posé sur un bain-marie. Procédez de la même façon pour confectionner 8 crêpes.
- Préparez le coulis de kiwi : épluchez les kiwis et coupez-les en morceaux. Mixez-les avec le sirop de sucre de canne.
- Servez les crêpes et arrosez-les de coulis de kiwi.

Et pourquoi pas ?
  - Vous pouvez remplacer les kiwis par 1 petite mangue bien mûre, 2 fruits de la passion ou 1 ananas Victoria.

Préparation : 15 min
Repos de la pâte : 30 min
Cuisson : 2 à 3 min par crêpe + 5 min

Pour 8 crêpes

Pour la pâte
250 g de farine de froment
3 œufs
50 cl de lait
30 g de beurre fondu
2 cuil. à soupe de sucre en poudre
1 cuil. à soupe de rhum brun (facultatif)
1 sachet de sucre vanillé
5 cl d'huile neutre
1 pincée de sel

Pour la garniture
100 g de cerneaux de noix
50 g d'amandes effilées
30 g de noisettes
4 cuil. à soupe de miel liquide

crêpes au miel
et aux fruits secs

- Suivant la recette des crêpes sucrées à la farine de froment (voir p. 21), préparez la pâte et laissez-la reposer 30 min à température ambiante.
- Préparez un bain-marie : déposez une grande assiette sur une casserole remplie au tiers d'eau, le tout sur feu doux.
- Dans une poêle légèrement huilée, faites cuire 8 crêpes. Gardez les crêpes au chaud sur l'assiette posée sur le bain-marie. Conservez le reste de pâte au réfrigérateur pour une utilisation ultérieure ou congelez-le dans une bouteille en plastique.
- Préparez la garniture : dans une poêle sans matière grasse, faites griller les fruits secs jusqu'à ce qu'ils soient dorés. Concassez-les grossièrement et réservez-les.
- Faites chauffer le miel dans une casserole, à feu doux. Quand il est chaud, ajoutez les fruits secs hors du feu et mélangez pour que le miel les enrobe.
- Tartinez chaque crêpe de ce mélange et pliez-les en quatre avant de les servir tiède.

Et pourquoi pas ?
- Encore plus joli en remplaçant les fruits secs par des pralines roses : procédez de la même façon !
- Variez le type de miel (miel de forêt, d'acacia, de citronnier…) mais aussi les fruits secs en choisissant des amandes, des noix de pécan, de macadamia. Pensez également aux canneberges et aux figues séchées, ainsi qu'aux abricots secs.
- Accompagnez ces crêpes de glace à la vanille.

Préparation : 20 min
Repos de la pâte : 30 min
Cuisson : 2 min par crêpe
Repos au frais : 1 h

Pour 20 crêpes (pour 6 à 8 personnes)

Pour la pâte
250 g de farine de froment
3 œufs
40 cl de lait
30 g de beurre fondu
5 cl de sirop de grenadine
1 citron vert non traité (zeste)
5 cl d'huile neutre
1 pincée de sel

Pour la ganache de fraises Tagada
100 g de fraises Tagada
   + quelques-unes pour la déco
20 cl de crème fraîche liquide

gâteau de crêpes girly
aux fraises Tagada

- Versez la farine et le sel dans un saladier et creusez un puits au milieu. Cassez-y les œufs et commencez à fouetter. Quand cela devient difficile, ajoutez 5 cl de lait et fouettez jusqu'à ce que le mélange prenne une consistance de pâte à gâteau homogène. Mélangez le reste de lait avec la grenadine et ajoutez-le petit à petit à la pâte ainsi que le beurre fondu et le zeste de citron vert sans cesser de fouetter. Couvrez d'un linge propre et laissez reposer à température ambiante pendant 30 min.
- Pendant ce temps, préparez la ganache aux bonbons : versez la crème liquide dans une casserole et faites chauffer à feu doux jusqu'à frémissement. Ajoutez alors les fraises Tagada et laissez-les fondre dans la crème. Mélangez pour obtenir une crème lisse. Retirez du feu et laissez refroidir.
- Faites chauffer à feu moyen une poêle à crêpes bien huilée (la grenadine contenue dans la pâte a tendance à la rendre plus collante).
- Versez une louche de pâte dans la poêle et répartissez-la rapidement en effectuant un mouvement circulaire de la poêle.
- Quand le fond a bien pris, retournez la crêpe, baissez le feu et prolongez la cuisson de 1 min. Répétez l'opération jusqu'à épuisement de la pâte. Vous devez obtenir 20 crêpes fines.
- Déposez une crêpe sur le plat de service et tartinez-la de ganache aux fraises Tagada sur toute sa surface. Recouvrez d'une crêpe et recommencez l'opération jusqu'à épuisement des crêpes en tassant régulièrement avec votre main. Terminez par une belle couche de ganache aux bonbons et décorez de quelques fraises Tagada.
- Entreposez 1 h au réfrigérateur avant de servir.

Et pourquoi pas ?
- Vous pouvez utiliser la ganache de fraises Tagada pour garnir simplement des crêpes.
- Variez les bonbons pour confectionner des ganaches originales : Batna (bonbon à la réglisse), carambar... mais supprimez alors grenadine et citron vert. Si nécessaire, n'hésitez pas à ajouter à la ganache 1 feuille de gélatine préalablement ramollie dans un bol d'eau froide puis pressée.

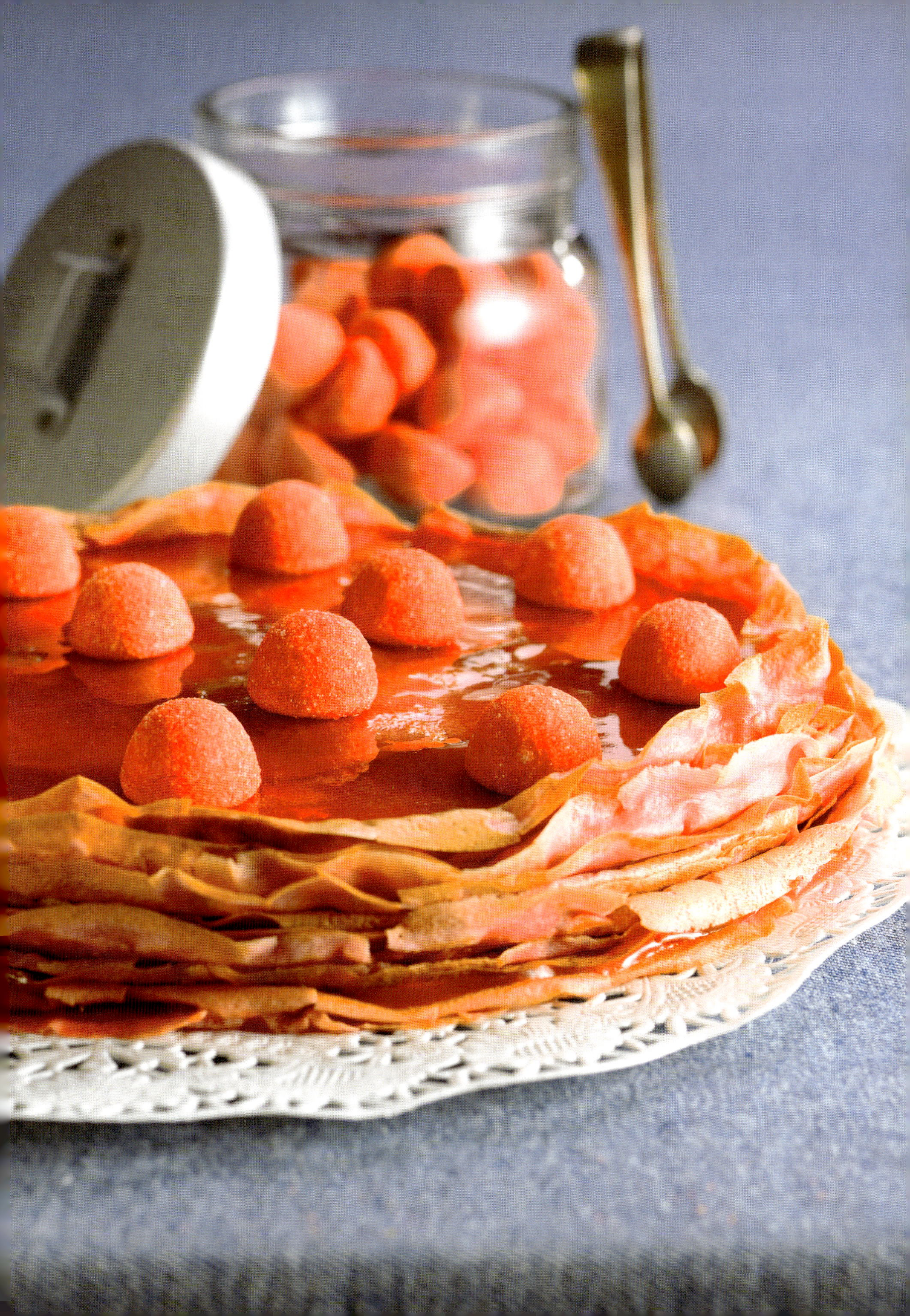

Préparation : 15 min
Repos de la pâte : 30 min
Cuisson : 2 à 3 min par crêpe + 10 min

Pour 12 crêpes

Pour la pâte
250 g de farine de froment
3 œufs
50 cl de lait
30 g de beurre fondu
2 cuil. à soupe de sucre en poudre
1 sachet de sucre vanillé
1 cuil. à soupe de rhum brun (facultatif)
5 cl d'huile neutre
1 pincée de sel

Pour la garniture
350 g de fromage blanc en faisselle
100 g de sucre en poudre
3 œufs
50 g de raisins secs
2 cuil. à soupe de sucre glace

crêpes slaves au fromage blanc
et raisins secs

- Suivant la recette des crêpes sucrées à la farine de froment (voir p. 21), préparez la pâte et laissez-la reposer 30 min à température ambiante.
- Dans une poêle légèrement huilée, faites cuire 12 crêpes de moyenne épaisseur. Conservez le reste de pâte au réfrigérateur pour une utilisation ultérieure ou congelez-le dans une bouteille en plastique.
- Préparez la farce au fromage blanc : égouttez la faisselle et séparez les blancs des jaunes des œufs. Fouettez le fromage blanc égoutté avec le sucre en poudre et les jaunes d'œufs. Ajoutez les raisins secs et mélangez. Montez les blancs d'œufs en neige et incorporez-les délicatement à l'appareil.
- Préchauffez le four à 200 °C (th. 6-7).
- Déposez une belle quenelle de farce au fromage blanc sur le bord d'une crêpe et roulez-la. Elle doit être bien garnie. Repliez les bords sous le rouleau et déposez-la dans un plat à gratin. Procédez de la même façon pour les autres crêpes. Saupoudrez de sucre glace à l'aide d'un tamis ou d'une petite passoire.
- Enfournez pour 10 min.
- Dégustez tiède.

Et pourquoi pas ?
- Ajoutez à la garniture 50 g de fruits confits coupés en tout petits dés, de noix concassées ou encore un petit pot de confiture d'oranges amères.
- Vous pouvez faire gonfler les raisins secs dans du rhum brun tiédi ou du thé chaud 30 min avant utilisation. Pensez simplement à bien les égoutter avant de les incorporer au fromage blanc.

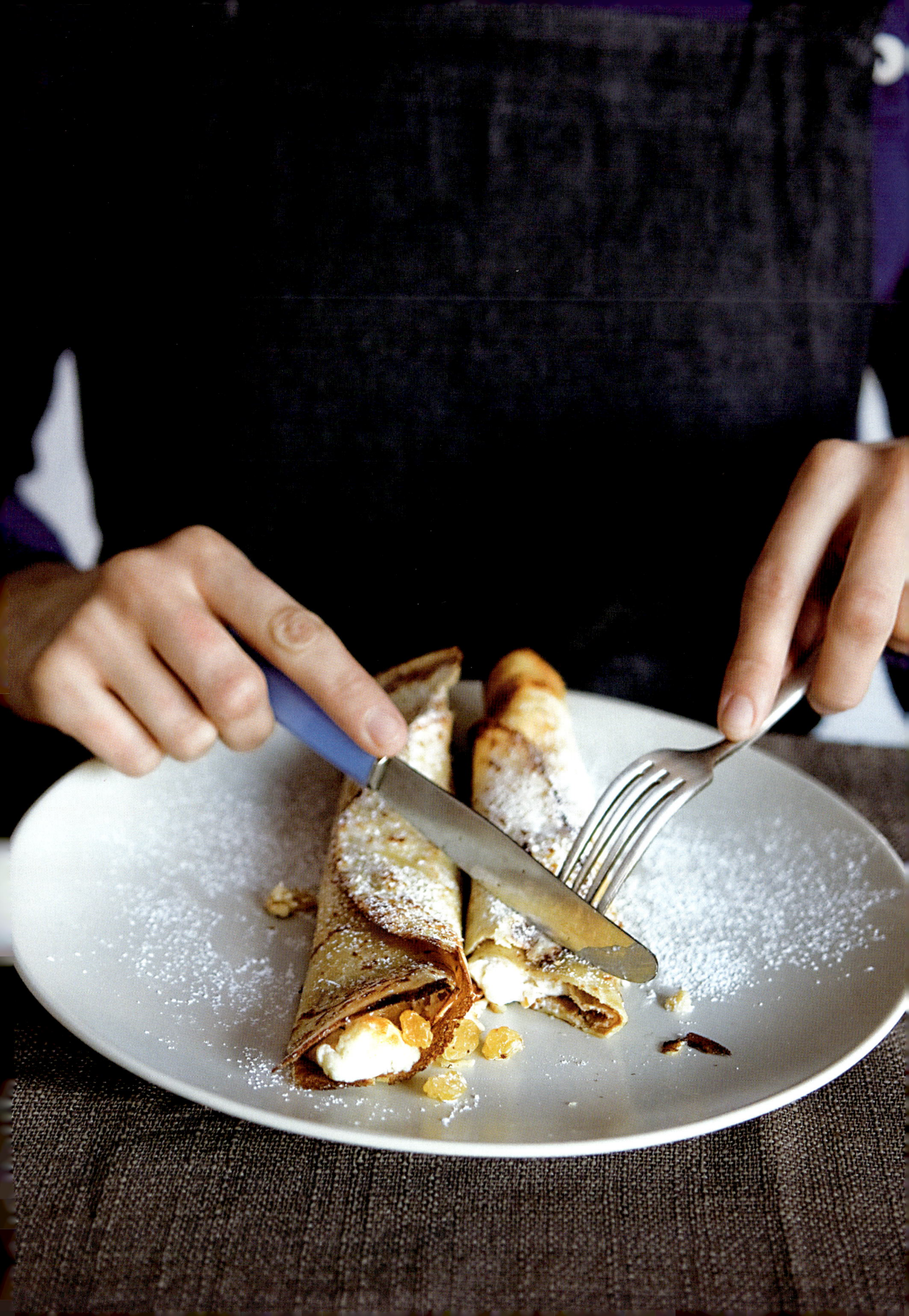

Préparation : 15 min
Repos de la pâte : 30 min
Cuisson : 2 à 3 min par crêpe + 10 min

Pour 4 crêpes

Pour la pâte
250 g de farine de froment
3 œufs
50 cl de lait
30 g de beurre fondu
2 cuil. à soupe de sucre en poudre
1 sachet de sucre vanillé
1 cuil. à soupe de rhum brun (facultatif)
5 cl d'huile neutre
1 pincée de sel

Pour la garniture
4 poires louise bonne
3 cuil. à soupe de rapadura (ou de cassonade)
75 g de réglisse en rouleaux
15 g de beurre doux
15 cl de crème fraîche liquide
1 cuil. à soupe de jus de citron

crêpes aux poires
et à la réglisse

- Suivant la recette des crêpes sucrées à la farine de froment (voir p. 21), préparez la pâte et laissez-la reposer 30 min à température ambiante.
- Dans une poêle légèrement huilée, faites cuire 4 crêpes. Conservez le reste de pâte au réfrigérateur pour une utilisation ultérieure ou congelez-le dans une bouteille en plastique.
- Préparez la garniture : épluchez les poires, coupez-les en quatre et retirez les pépins. Faites chauffer une grande poêle avec le beurre, sur feu moyen. Quand il est mousseux, déposez-y délicatement les quartiers de poires. Saupoudrez de rapadura et arrosez du jus de citron. Laissez colorer chaque face et cuire environ 5 min.
- Pendant ce temps, découpez le réglisse en petits dés. Faites chauffer la crème liquide dans une casserole avec les dés de réglisse jusqu'à frémissement et coupez le feu. Versez la préparation dans le bol du mixeur et mixez pour obtenir une crème homogène.
- Déposez 1 crêpe dans l'assiette de service, badigeonnez-la de crème à la réglisse et disposez par dessus 4 quartiers de poire cuite. Repliez les bords de sorte à laisser la garniture apparaître. Procédez de la même façon pour les autres crêpes. Servez tiède ou froid.

Et pourquoi pas ?
- À la place des rouleaux de réglisse, utilisez 1 bâton de réglisse écrasé que vous laisserez infuser 20 min dans la crème chaude, hors du feu et à couvert. La sauce sera plus liquide mais tout aussi parfumée.
- Réalisez une crème au safran en remplaçant la réglisse par 1/2 dose de safran que vous laisserez infuser de la même façon.

Où trouver...
Le rapadura, appelé également sucre intégral, est un jus de canne à sucre déshydraté et issu de l'agriculture biologique. Vous le trouverez dans les magasins diététiques ou bio.

Préparation : 10 min
Repos de la pâte : 30 min
Cuisson : 2 à 3 min par crêpe + 8 min

Pour 4 crêpes

Pour la pâte
250 g de farine de froment
3 œufs
50 cl de lait
30 g de beurre fondu
2 cuil. à soupe de sucre en poudre
1 sachet de sucre vanillé
1 cuil. à soupe de rhum brun (facultatif)
5 cl d'huile neutre
1 pincée de sel

Pour la garniture
4 poires louise bonne
15 g de beurre
30 g de gingembre confit au sucre
3 cuil. à soupe de vergeoise brune (ou de cassonade)
1 cuil. à soupe de jus de citron
1 cuil. à café de mélange 4-épices

crêpes aphrodisiaques aux poires et gingembre confit

- Suivant la recette des crêpes sucrées à la farine de froment (voir p. 21), préparez la pâte et laissez-la reposer 30 min à température ambiante.
- Préparez un bain-marie : déposez une grande assiette sur une casserole remplie au tiers d'eau, le tout sur feu doux.
- Dans une poêle légèrement huilée, faites cuire 4 crêpes. Gardez les crêpes au chaud sur l'assiette posée sur le bain-marie. Conservez le reste de pâte au réfrigérateur pour une utilisation ultérieure ou congelez-le dans une bouteille en plastique.
- Préparez la garniture : épluchez les poires, épépinez-les et coupez-les en petits cubes. Hachez le gingembre confit.
- Faites chauffer le beurre dans une grande poêle, sur feu moyen. Quand il est mousseux, ajoutez les dés de poires et le gingembre haché. Saupoudrez de vergeoise et du mélange quatre-épices, arrosez du jus de citron et laissez cuire 8 min sur feu vif en remuant régulièrement.
- Garnissez la moitié d'une crêpe de farce aux poires et gingembre et rabattez l'autre moitié pour former un chausson. Renouvelez l'opération pour les 3 autres crêpes.
- Servez chaud, sans attendre, éventuellement arrosé de miel.

Et pourquoi pas ?
- Vous pouvez remplacer le gingembre confit par 1 cuil. à café de gingembre en poudre.
- Vous pouvez aussi présenter ces crêpes sous forme d'aumônières, fixez-les alors à l'aide de 1 long zeste de citron blanchi à l'eau bouillante et poudrez de sucre glace avant de servir.
- Les poires peuvent être remplacées par des pommes.

Préparation : 20 min
Repos de la pâte : 30 min
Refroidissement : 30 min
Cuisson : 2 à 3 min par crêpe + 10 min

Pour 8 crêpes

Pour la pâte
250 g de farine de froment
3 œufs
50 cl de lait
30 g de beurre fondu
2 cuil. à soupe de sucre en poudre
1 sachet de sucre vanillé
5 cl d'huile neutre
1 pincée de sel

Pour la garniture
200 g de framboises
1 œuf
25 cl de lait
30 g de Maïzena
25 g de sucre en poudre
5 cl de sirop de rose
 ou 4 cuil. à soupe de confit
 de pétales de roses

crêpes aux framboises et à la rose

- Suivant la recette des crêpes sucrées à la farine de froment (voir p. 21), préparez la pâte et laissez-la reposer 30 min à température ambiante.
- Dans une poêle légèrement huilée, faites cuire 8 crêpes. Conservez le reste de pâte au réfrigérateur pour une utilisation ultérieure ou congelez-le dans une bouteille en plastique.
- Préparez la garniture : faites chauffer le lait dans une casserole jusqu'à petit frémissement.
- Dans un saladier, fouettez l'œuf avec le sucre en poudre jusqu'à ce que le mélange blanchisse. Ajoutez le sirop de rose puis incorporez la Maïzena. Mélangez pour obtenir un mélange homogène.
- Versez le lait chaud sur cette préparation en fouettant sans cesse. Transvasez dans la casserole et faites cuire sur feu très doux sans cesser de mélanger jusqu'à épaississement (environ 4 min). Retirez du feu et versez la crème pâtissière à la rose dans un bol pour la laisser refroidir.
- Prélevez 100 g de framboises et mixez-les pour en faire un coulis. Passez-le au tamis pour éliminer les pépins. Versez le coulis de framboise dans la crème pâtissière refroidie et battez le tout. Mettez au frais couvert de film alimentaire jusqu'au moment de déguster.
- Au moment de servir, couvrez chaque crêpe de crème pâtissière et servez avec le reste de framboises fraîches.

Et pourquoi pas ?
- Agrémentez les crêpes de quelques brisures de macarons à la framboise ou à l'amande ou encore de biscuits de Reims émiettés.
- Vous pouvez remplacer la moitié des framboises par des litchis frais, épluchés, dénoyautés et hachés. Ils se marient particulièrement bien avec l'arôme de rose.
- Pour accentuer la couleur rose de la garniture, ajouter 2 gouttes de colorant rouge dans la crème pâtissière mais pas davantage afin de conserver un rose tendre.

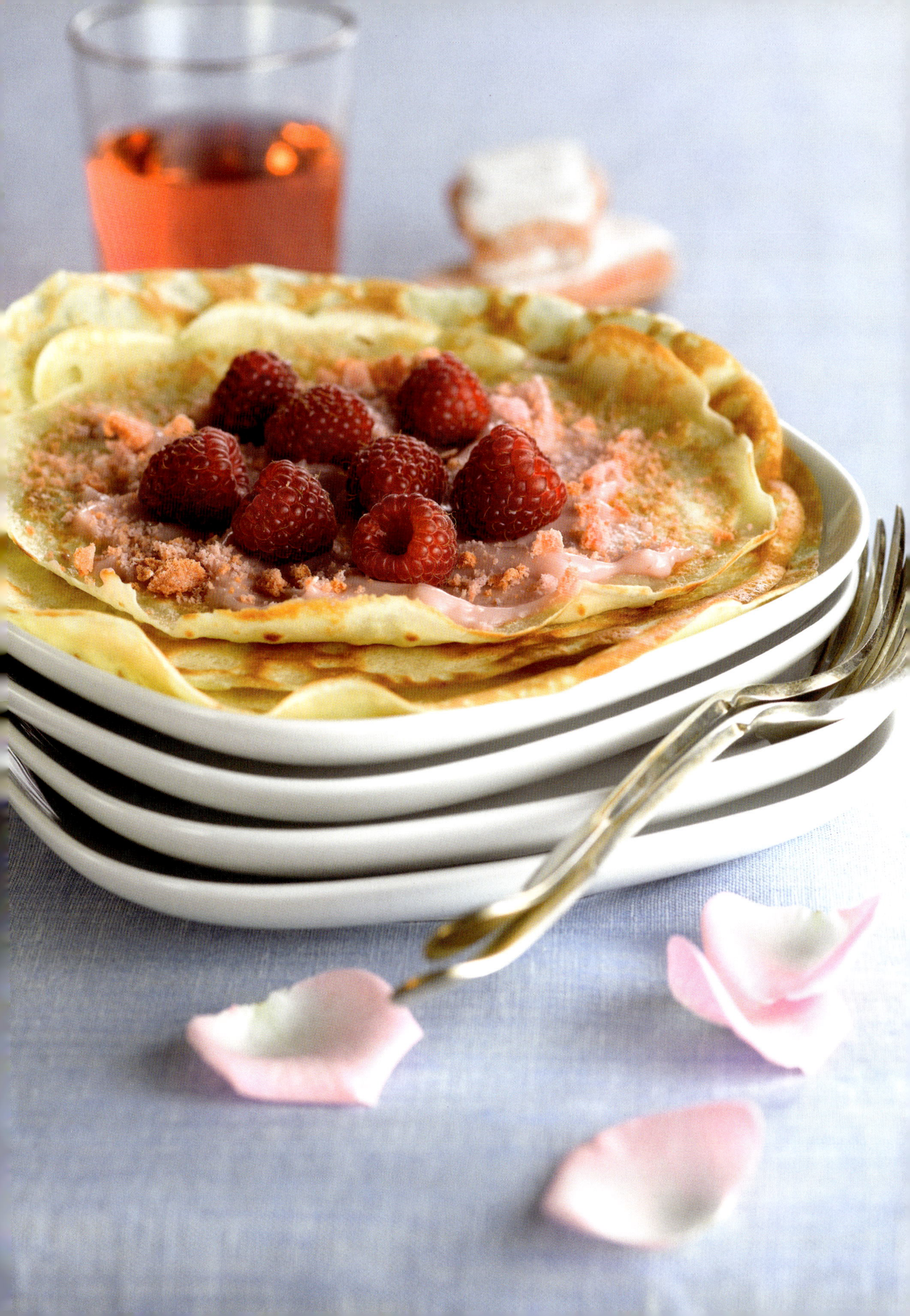

Préparation : 15 min
Repos de la pâte : 30 min
Cuisson : 2 à 3 min par crêpe + 10 min

Pour 12 crêpes

Pour la pâte
250 g de farine de froment
3 œufs
50 cl de lait
30 g de beurre fondu
2 cuil. à soupe de sucre en poudre
1 sachet de sucre vanillé
1 cuil. à soupe de rhum brun (facultatif)
5 cl d'huile neutre
1 pincée de sel

Pour la sauce caramel au beurre salé
Quelques gouttes de jus de citron
100 g de sucre en poudre
60 g de beurre demi-sel
10 cl de crème fraîche liquide

Pour les croûtons croustillants de pain d'épices
300 g de pain d'épices
15 g de beurre demi-sel

crêpes au caramel au beurre salé
et croûtons croustillants de pain d'épices

- Suivant la recette des crêpes sucrées à la farine de froment (voir p. 21), préparez la pâte et laissez-la reposer 30 min à température ambiante.
- Préparez un bain-marie : déposez une grande assiette sur une casserole remplie au tiers d'eau, le tout sur feu doux.
- Dans une poêle légèrement huilée, faites cuire 12 crêpes. Gardez les crêpes au chaud sur l'assiette posée sur un bain-marie. Conservez le reste de pâte au réfrigérateur pour une utilisation ultérieure ou congelez-le dans une bouteille en plastique.
- Préparez la sauce au caramel : versez le sucre en poudre dans une casserole à fond épais avec le jus de citron et faites chauffer à feu doux sans remuer. Quand le sucre a pris une couleur ambrée soutenue, ajoutez hors du feu le beurre demi-sel froid coupé en petits dés et mélangez vivement pour qu'il s'incorpore au caramel. Remettez sur le feu le temps d'ajouter la crème liquide, mélangez de nouveau, retirez du feu et laissez refroidir.
- Préparez les croûtons croustillants : coupez le pain d'épices en petits dés. Faites chauffer une poêle avec le beurre demi-sel sur feu vif. Quand elle est bien chaude et le beurre mousseux, ajoutez les dés de pain d'épices. Faites griller 5 min pour que les croûtons soient bien dorés.
- Servez 2 crêpes chaudes par personne accompagnées d'un petit pichet de sauce caramel et d'un petit bol de croûtons de pain d'épices à tartiner et à parsemer selon votre goût.

Astuce. Vous pouvez préparer cette garniture à l'avance, mais gardez les croûtons à part sur du papier absorbant afin qu'ils restent bien croustillants.

Et pourquoi pas ?
- ... réaliser les croûtons avec de la brioche à la place du pain d'épices ?

Les recettes sucrées

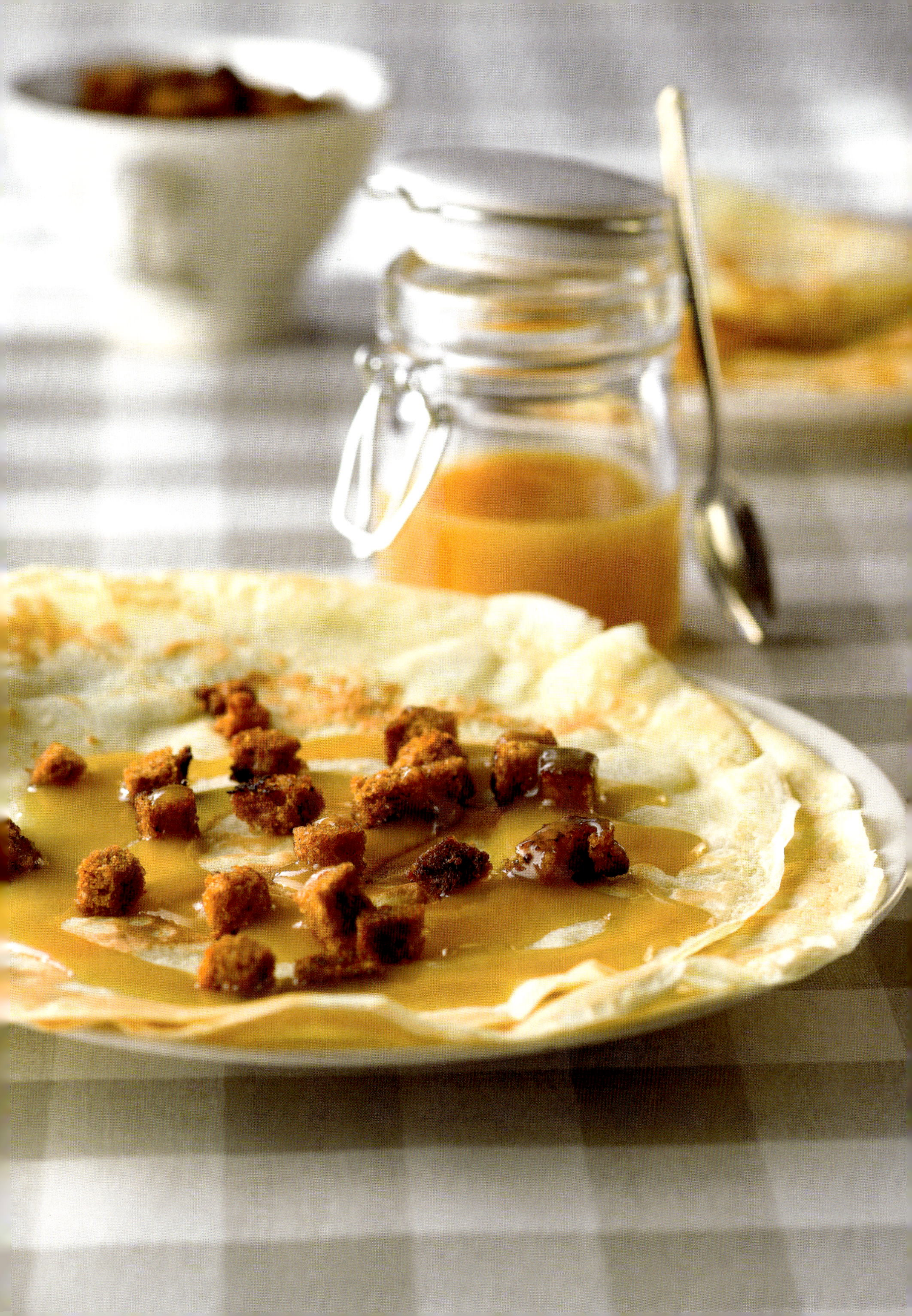

Préparation : 10 min
Repos de la pâte : 30 min
Cuisson : 11 min

**Pour 2 clafoutis
(pour 4 personnes)**

Pour la pâte
250 g de farine de froment
3 œufs
40 cl de lait
30 g de beurre fondu
2 cuil. à soupe de sucre en poudre
1 sachet de sucre vanillé
1 cuil. à soupe de kirsch
15 g de beurre
1 pincée de sel

Pour la garniture
200 g de cerises noires
4 cuil. à soupe de sucre en poudre

clafouticrep'

- Suivant la recette des crêpes sucrées à la farine de froment (voir p. 21), préparez la pâte (sans le rhum de la recette de base ni le kirsch) et laissez-la reposer 30 min à température ambiante. Prélevez-en 20 cl pour réaliser la recette, ajoutez-y le kirsch et mélangez bien. Gardez le reste de pâte au frais pour une utilisation ultérieure ou congelez-le dans une petite bouteille en plastique.
- Préparez la garniture : lavez les cerises, coupez-les en deux et dénoyautez-les.
- Faites chauffer une grande poêle à crêpes beurrée, sur feu vif, et versez la moitié de la pâte en la répartissant bien sur la surface de la poêle, dispersez les cerises par-dessus et couvrez du restant de pâte. Baissez le feu, couvrez et laissez cuire environ 5 min pour que le dessus soit pris.
- Retournez alors le clafouticrep' sur une assiette et faites-le glisser dans la poêle pour le faire cuire de l'autre côté. Couvrez et laissez cuire 5 min. Découvrez et prolongez encore la cuisson de 1 min.
- Retournez le clafouticrep' sur le plat de service et poudrez de sucre en poudre. Laissez refroidir avant de servir.

Et pourquoi pas ?
- Ajoutez à la pâte à crêpes 1 cuil. à soupe de pistaches non salées ou 50 g de pralin.
- Vous pouvez réaliser la même recette avec des oreillons d'abricots frais en même quantité. Ajoutez alors à la pâte 1 cuil. à soupe de poudre d'amande ou 1 cuil. à soupe de pistaches non salées mixées.
- Vous pouvez également réaliser cette recette avec des griottes au sirop. Égouttez-les bien avant de les incorporer à la pâte et faites réduire le sirop de moitié dans une casserole avant de le servir dans un petit pichet en accompagnement.

Préparation : 15 min
Repos de la pâte : 30 min
Cuisson : 2 à 3 min par crêpe + 15 min

Pour 4 crêpes

Pour la pâte
250 g de farine de froment
3 œufs
50 cl de lait
30 g de beurre fondu
2 cuil. à soupe de sucre en poudre
1 sachet de sucre vanillé
1 cuil. à soupe de rhum brun
 ou de schnaps (facultatif)
5 cl d'huile neutre
1 pincée de sel

Pour la garniture
4 pommes reinettes
 (environ 500 g)
30 g de raisins secs
2 cuil. à soupe de schnaps
 au coing ou de rhum blanc
1 cuil. à café bombée de
 cannelle en poudre
4 cuil. à soupe de poudre de noisette
25 g de beurre fondu
Sucre glace

crêpes strudel

- Suivant la recette des crêpes sucrées à la farine de froment (voir p. 21), préparez la pâte et laissez-la reposer 30 min à température ambiante.
- Dans une poêle légèrement huilée, faites cuire 4 crêpes de moyenne épaisseur mais pas trop cuites. Conservez le reste de pâte au réfrigérateur pour une utilisation ultérieure ou congelez-le dans une bouteille en plastique.
- Préparez la garniture : faites chauffer le rhum ou le schnaps dans une petite casserole, ajoutez les raisins secs et laissez-les gonfler 10 min hors du feu.
- Lavez et râpez les pommes, non pelées, à la grosse grille. Déposez-les sur un linge propre et pressez-les pour retirez un maximum de jus. Mélangez la chair avec la cannelle et les raisins égouttés.
- Préchauffez le four à 180 °C (th. 6).
- Parsemez 1 crêpe de 1 cuil. à soupe de poudre de noisette, déposez par-dessus 1 quenelle de pomme râpée à 2 cm du bord en laissant de l'espace aux extrémités pour pouvoir les replier. Arrosez de 1 cuil. à café de beurre fondu et roulez la crêpe. Rabattez les extrémités sous le rouleau pour qu'il soit bien fermé. Déposez sur la plaque du four recouverte de papier sulfurisé. Procédez de la même façon avec les 3 autres crêpes.
- À l'aide d'un pinceau, badigeonnez les rouleaux de crêpes aux pommes de beurre fondu. Poudrez de sucre glace et enfournez pour 15 min.
- Dégustez chaud ou tiède accompagné d'une bonne crème fraîche ou de crème fouettée.

Et pourquoi pas ?
- Vous pouvez également accompagner ce dessert de crème anglaise ou, si vous servez chaud, de glace à la vanille.

Préparation : 15 min
Repos de la pâte : 30 min
Cuisson : 3 min par crêpe

Pour 6 crêpes

Pour la pâte
80 g de farine de froment
1 œuf
10 cl de lait
10 g de beurre fondu
2 cuil. à soupe de cacao en poudre

Pour la garniture
200 g de framboises
6 petits-suisses
3 bonne cuil. à soupe de pâte
   à tartiner chocolat-noisette

crêpes choco framboise

- Préparez la pâte à crêpes au chocolat : dans un saladier, mélangez la farine et le cacao puis faites un puits au centre. Versez-y l'œuf et commencez à fouetter. Quand cela devient difficile, ajoutez une petite quantité de lait et fouettez jusqu'à ce que le mélange soit homogène. Ajoutez enfin le reste du lait, le beurre fondu et mélangez. Laissez reposer 30 min à température ambiante.
- Dans une poêle légèrement huilée, faites cuire 6 crêpes et laissez-les tiédir.
- Battez les petits-suisses avec la pâte à tartiner. Tartinez les crêpes avec la crème ainsi obtenue, parsemez de framboises et repliez deux bords de façon à voir la garniture ou bien présentez en chiffonnade (cf. photo ci-contre).
- Dégustez tiède ou froid.

Et pourquoi pas ?
Vous pouvez remplacer les framboises par tout autre fruit rouge acidulé : mûres, myrtilles, cassis.

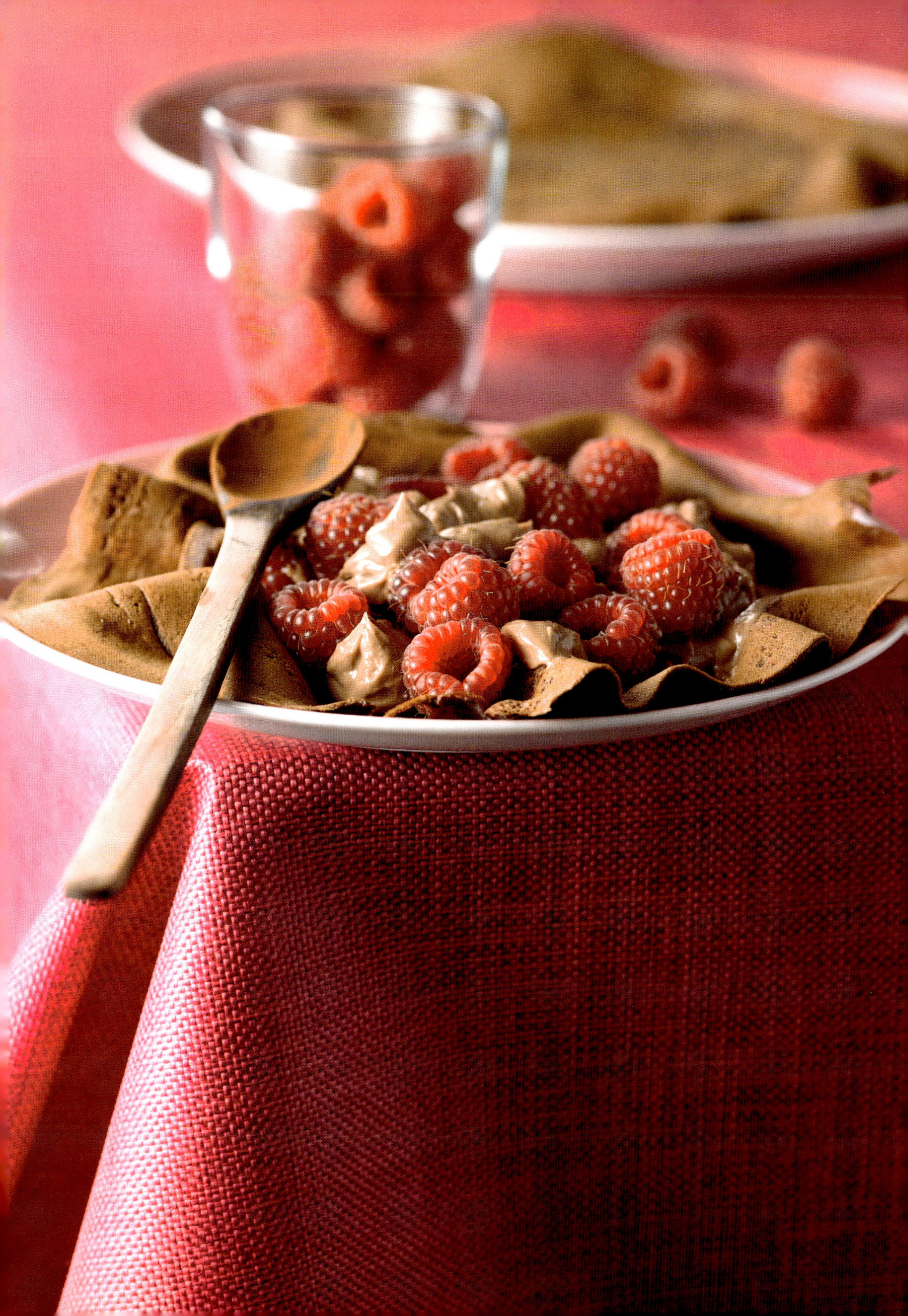

Préparation : 15 min
Repos de la pâte : 30 min
Cuisson : 2 à 3 min par crêpe + 4 min

Pour 4 crêpes

Pour la pâte
200 g de farine de froment
50 g de Maïzena
2 œufs
25 cl de lait d'amande non sucré
30 g de beurre fondu
10 cl d'eau
5 cl d'huile neutre
1 pincée de sel

Pour la garniture
4 nectarines
1 yaourt crémeux
1 cuil. à soupe d'huile d'olive
2 brindilles de romarin frais
3 cuil. à soupe de miel
10 cl de rinquinquin
  (vin de pêches)

crêpes aux nectarines grillées,
romarin et rinquinquin

- Suivant la recette des crêpes au lait d'amande (voir p. 24), préparez la pâte et laissez-la reposer 30 min à température ambiante.
- Préparez un bain-marie : déposez une grande assiette sur une casserole remplie au tiers d'eau, le tout sur feu doux.
- Dans une poêle légèrement huilée, faites cuire 4 crêpes. Gardez les crêpes au chaud sur l'assiette posée sur le bain-marie. Conservez le reste de pâte au réfrigérateur pour une utilisation ultérieure ou congelez-le dans une bouteille en plastique.
- Préparez la garniture : lavez les nectarines, dénoyautez-les et coupez-les en 6 quartiers chacune. Faites chauffer une grande poêle avec l'huile d'olive sur feu très vif. Quand la poêle est bien chaude, déposez les quartiers de nectarine, arrosez de 1 cuil. à soupe de miel et effeuillez le romarin par-dessus. Faites dorer 1 min de chaque côté.
- Débarrassez les nectarines de la poêle et versez-y le rinquinquin ainsi que 2 cuil. à soupe de miel. Mélangez et laissez bouillonner vivement pendant 2 min. Quand le mélange est sirupeux, retirez du feu.
- Mélangez le jus de cuisson au rinquinquin avec le yaourt crémeux et laissez refroidir.
- Déposez 6 quartiers de nectarine grillés sur une crêpe chaude, rabattez 2 bords pour laisser la garniture apparente. Procédez de la même façon avec les 3 autres crêpes. Proposez le yaourt au rinquinquin à part pour en napper les crêpes.

Et pourquoi pas ?
  - … utiliser du vin d'orange ?
  - Pour une version sans alcool, remplacez le rinquinquin par du jus de fruits.
  - Servez avec de la glace aux calissons ou du sorbet à la pêche.
  - Vous pouvez remplacer les nectarines par des pêches pas trop mûres et le romarin frais par des brindilles de thym ou par 2 tiges de lavande fleurie.

118   Les recettes sucrées

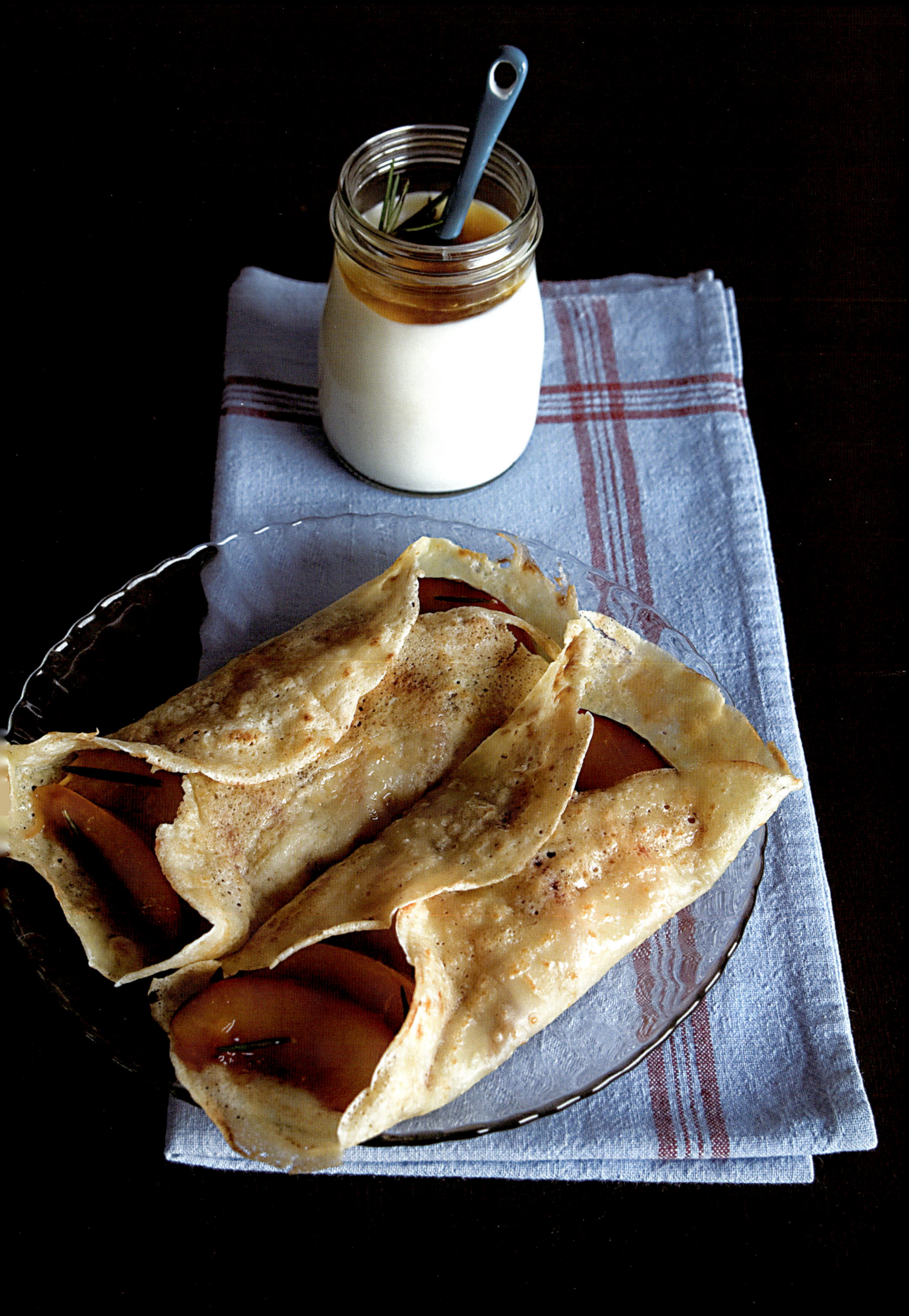

Préparation : 5 min
Cuisson : 3 min 30 par pancake

Pour 6 pancakes

Pour la pâte
125 de farine de froment
75 g de flocons d'avoine
6 abricots secs
20 cl de lait de riz (ou de vache)
1 œuf
10 g de beurre fondu
5 cl d'huile neutre
1 pincée de sel

Pour accompagner
6 cuil. à soupe de miel liquide
   ou de golden syrup
2 yaourts nature
1/2 cuil. à café de cannelle
   en poudre

pancakes aux flocons d'avoine et abricots secs

- Hachez les abricots secs. Versez la farine dans un saladier avec le sel. Séparez le blanc du jaune de l'œuf et ajoutez le jaune à la farine. Commencez à fouetter. Quand cela devient difficile, ajoutez 5 cl de lait de riz. Continuez à mélanger pour obtenir une pâte homogène. Ajoutez les flocons d'avoine et les abricots hachés puis le reste de lait de riz et le beurre fondu sans cesser de remuer. Montez le blanc d'œuf en neige au batteur électrique et incorporez-le délicatement à la pâte.
- Préparez un bain-marie : déposez une grande assiette sur une casserole remplie au tiers d'eau, le tout sur feu doux.
- Faites chauffer à feu moyen une poêle à blinis légèrement huilée. Quand elle est chaude, versez une louche de pâte pour former une galette d'environ 0,5 cm. Laissez cuire 1 min 30 à feu doux et retournez à l'aide d'une spatule en bois. Prolongez la cuisson de 2 min. Procédez de la même façon avec le reste de pâte. Une fois cuites, gardez les crêpes au chaud sur l'assiette posée sur le bain-marie.
- Battez les yaourts avec le miel et la cannelle.
- Servez les pancakes chauds et trempez-en des morceaux dans le yaourt.

Astuce. Répartissez le yaourt au miel dans de jolies tasses à thé, coupelles ou verrines et placez-les à côté de chaque convive.

Et pourquoi pas ?
- Faites gonfler les abricots 30 min dans du thé chaud avant de les égoutter et de les hacher pour les incorporer à la pâte.
- Vous pouvez remplacer les abricots par des dattes ou des figues séchées mais aussi par des zestes d'orange ou de citron confits.
- À la place du miel ou du golden syrup, utilisez du sirop d'érable.
- Remplacez les flocons d'avoine par du muesli au chocolat ou aux fruits secs. Dans ce cas, inutile d'ajouter des abricots secs.

Préparation : 10 min
Repos de la pâte : 30 min
Cuisson : 2 à 3 min par crêpe + 15 min

Pour 8 crêpes

Pour la pâte
200 g de farine de froment
50 g de Maïzena
2 œufs
30 g de beurre fondu
25 cl de lait d'amande non sucré
10 cl d'eau
5 cl d'huile neutre
1 pincée de sel

Pour la garniture
12 abricots bien mûrs
50 g d'amandes mondées
4 cuil. à soupe de cassonade
2 cuil. à café de fleurs de lavande séchées
1 cuil. à soupe de jus de citron
5 cl d'eau

crêpes à la compotée d'abricots à la lavande

- Suivant la recette des crêpes au lait d'amande (voir p. 24), préparez la pâte et laissez-la reposer 30 min à température ambiante.
- Préparez la garniture : dénoyautez les abricots et mettez-les à cuire dans une casserole avec la cassonade, le jus de citron, 5 cl d'eau et la lavande. Laissez compoter sur feu doux pendant 15 min en mélangeant régulièrement.
- Préparez un bain-marie : déposez une grande assiette sur une casserole remplie au tiers d'eau, le tout sur feu doux.
- Dans une poêle légèrement huilée, faites cuire 8 crêpes fines. Gardez les crêpes au chaud sur l'assiette posée sur le bain-marie. Conservez le reste de pâte au réfrigérateur pour une utilisation ultérieure ou congelez-le dans une bouteille en plastique.
- Faites griller les amandes à sec dans une poêle pendant 3 min puis concassez-les à l'aide d'un grand couteau.
- Servez 2 crêpes tièdes ou froides, par personne, garnies de compotée d'abricots et parsemées d'amandes grillées.

Et pourquoi pas ?
- Si vous servez les crêpes tièdes, pensez à les associer avec de la glace à la lavande.
- Vous pouvez remplacer la lavande par 1 brindille de romarin frais ou, plus classique, par 1 gousse de vanille fondue et grattée.
- Vous pouvez également réaliser cette recette avec des crêpes sucrées à la farine de froment (voir p. 21) ou à l'eau (voir p. 25).

Préparation : 5 min
Repos de la pâte : 30 min
Refroidissement : 30 min
Cuisson : 2 à 3 min par crêpe + 15 min

Pour 12 mini-crêpes

Pour la pâte
250 g de farine de froment
3 œufs
20 g de beurre fondu
30 cl d'eau
1 pincée de sel
5 cl d'huile neutre

Pour la ganache
200 g de chocolat (à 70 % de cacao)
200 g de guimauves multicolores
   (ou de marshmallow rose et blanc)
20 cl de crème fraîche liquide

mini-crêpes choco - guimauve

- Suivant la recette des crêpes à l'eau (voir p. 25), préparez la pâte et laissez-la reposer 30 min à température ambiante.
- Préparez la ganache : faites chauffer la crème liquide sur feu doux avec le chocolat. Quand il est fondu, mélangez. Ajoutez les guimauves et laissez fondre 1 min (de façon à ce qu'il reste quelques morceaux). Retirez du feu, mélangez rapidement et laissez refroidir.
- Préparez un bain-marie : déposez une grande assiette sur une casserole remplie au tiers d'eau, le tout sur feu doux.
- Dans une poêle légèrement huilée, faites cuire 12 mini-crêpes fines. Gardez les crêpes au chaud sur l'assiette posée sur le bain-marie. Conservez le reste de pâte au réfrigérateur pour une utilisation ultérieure ou congelez-le dans une bouteille en plastique.
- Disposez 2 mini-crêpes l'une sur l'autre et ajoutez 1 belle cuil. à soupe de ganache à la guimauve par-dessus. Servez 2 assemblages par personne.

Et pourquoi pas ?
   - Pour un résultat des plus moelleux, ne laissez pas totalement refroidir la ganache, proposez-la tiède dans de petits ramequins individuels.
   - Délicieuses aussi avec la recette des crêpes sucrées à la farine de froment (voir p. 21).

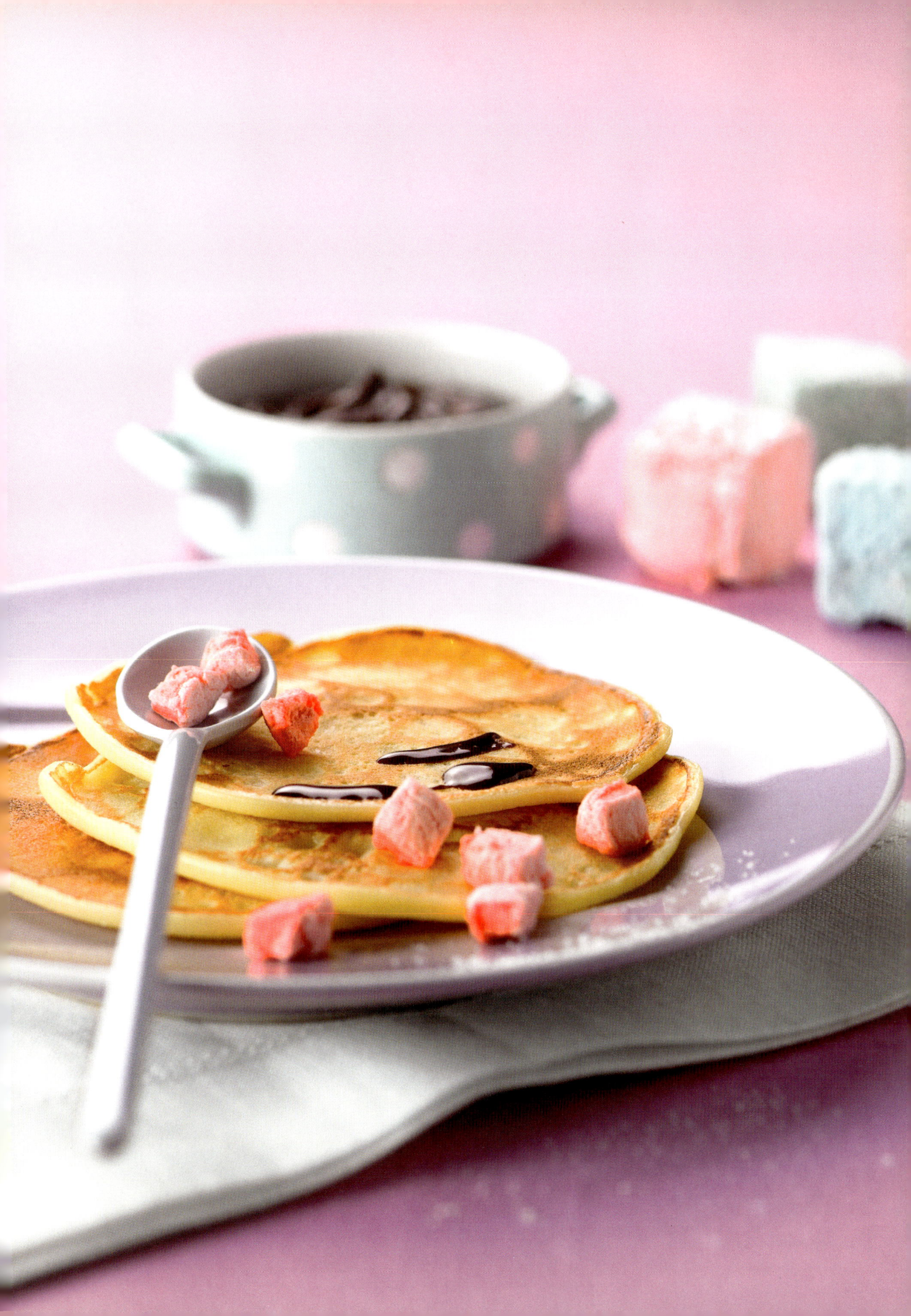

Préparation : 5 min
Repos de la pâte : 30 min
Cuisson : 2 à 3 min par crêpe + 15 min

Pour 8 crêpes

Pour la pâte
250 g de farine de froment
3 œufs
50 cl de lait
30 g de beurre fondu
2 cuil. à soupe de sucre en poudre
1 sachet de sucre vanillé
5 cl d'huile neutre
1 pincée de sel

Pour la garniture
12 abricots pas trop mûrs
15 cl de sirop d'orgeat
1/2 citron non traité (zeste)
2 étoiles de badiane

crêpes aux abricots
et sirop d'orgeat

- Suivant la recette des crêpes sucrées à la farine de froment (voir p. 21), préparez la pâte (sans le rhum) et laissez-la reposer 30 min à température ambiante.
- Préparez la garniture : dans une sauteuse à bord haut, faites chauffer le sirop d'orgeat avec 10 cl d'eau, le zeste de citron râpé et les étoiles de badiane jusqu'à frémissement. Ajoutez alors les abricots coupés en deux et dénoyautés. Laissez-les pocher 5 min et égouttez-les. Laissez le sirop réduire 10 min à petits bouillons pour qu'il soit bien sirupeux. Laissez refroidir.
- Préparez un bain-marie : déposez une grande assiette sur une casserole remplie au tiers d'eau, le tout sur feu doux.
- Dans une poêle légèrement huilée, faites cuire 8 crêpes. Gardez les crêpes au chaud sur l'assiette posée sur le bain-marie. Conservez le reste de pâte au réfrigérateur pour une utilisation ultérieure ou congelez-le dans une bouteille en plastique.
- Déposez sur chaque crêpe 3 oreillons d'abricots. Rassemblez deux bords pour laisser les fruits apparents et nappez de sirop de cuisson filtré et refroidi.
- Servez 2 crêpes chaudes par personne.

Et pourquoi pas ?
- Vous pouvez remplacer le sirop d'orgeat par du sirop de fleur de sureau et les abricots par des pêches jaunes.
- Réalisez cette recette avec des crêpes au lait d'amande (voir p. 24), elle n'en sera que meilleure !
- Pensez à accompagner ces crêpes de glace au lait d'amande.

Préparation : 15 min
Repos de la pâte : 30 min
Cuisson : 2 à 3 min par crêpe + 7 min

Pour 8 crêpes

Pour la pâte
250 g de farine de froment
3 œufs
50 cl de lait
30 g de beurre fondu
2 cuil. à soupe de sucre en poudre
1 sachet de sucre vanillé
5 cl d'huile neutre
1 pincée de sel

Pour la garniture
100 g de cerises Amarena
60 g de beurre mou
4 jaunes d'œufs
50 g de sucre en poudre
  + 1 cuil. à soupe
8 cuil. à soupe de poudre d'amande

crêpes à la crème d'amande
et cerises Amarena

- Suivant la recette des crêpes sucrées à la farine de froment (voir p. 21), préparez la pâte et laissez-la reposer 30 min à température ambiante.
- Dans une poêle légèrement huilée, faites cuire 8 crêpes. Conservez le reste de pâte au réfrigérateur pour une utilisation ultérieure ou congelez-le dans une bouteille en plastique.
- Préparez la garniture : fouettez ensemble les jaunes d'œufs et le sucre en poudre, puis ajoutez le beurre mou et la poudre d'amande. Mélangez avec une cuillère en bois pour obtenir un mélange homogène.
- Préchauffez le four à 180 °C (th. 6).
- Hachez les cerises Amarena grossièrement au couteau.
- Étalez sur chaque crêpe une fine couche de crème d'amande, puis couvrez de cerises hachées. Roulez bien serré et repliez les extrémités sous les crêpes.
- Disposez dans un plat à gratin, saupoudrez de sucre et enfournez pour 7 min.
- Laissez bien refroidir avant de déguster. Vous pouvez aussi couper les crêpes en bouchées.

Et pourquoi pas ?
- Vous pouvez remplacer les cerises Amarena par des cerises ou des framboises au sirop léger. Ajoutez alors à la pâte à crêpes 1 cuil. à soupe de kirsch.

Où trouver…
- Les cerises Amarena, originaires d'Italie, sont des cerises sauvages semi-confites dans un sirop à la saveur d'amandes amères. Présentées en bocaux, elles se trouvent dans les épiceries fines ou les épiceries italiennes.

Préparation : 15 min
Repos de la pâte : 30 min
Refroidissement : 30 min
Repos au frais : 2 h
Cuisson : 2 à 3 min par crêpe

Pour 4 tiramicreps individuels

Pour la pâte
80 g de farine de froment
1 œuf
10 cl de lait
10 g de beurre fondu
1 sachet de sucre vanillé
1 cuil. à soupe de liqueur de café
1 café expresso bien serré
5 cl d'huile neutre
1 pincée de sel

Pour la garniture
200 g de mascarpone
2 œufs
60 g de sucre en poudre
  + 1 cuil. à soupe
1 gousse de vanille
2 cuil. soupe de cacao
  en poudre non sucré

tiramicreps

- Préparez la pâte : versez la farine, le sucre vanillé et le sel dans un saladier. Ajoutez l'œuf et fouettez. Quand cela devient difficile, Ajoutez 5 cl de lait pour obtenir une pâte homogène. Ajoutez alors petit à petit le reste de lait, la liqueur de café, le café expresso et le beurre fondu sans cesser de fouetter.
- Faites cuire à feu moyen 12 mini-crêpes dans une poêle à blinis légèrement huilée. Réservez et laissez refroidir.
- Pendant ce temps, préparez la garniture : fouettez les jaunes d'œufs avec le sucre en poudre et les graines de la gousse de vanille jusqu'à ce que le mélange blanchisse. Ajoutez le mascarpone et battez de nouveau. Montez les blancs d'œufs en neige avec 1 cuil. à soupe de sucre en poudre et incorporez-les délicatement au mélange au mascarpone. Réservez au frais pendant 2 h.
- Juste avant de servir, déposez 1 mini-crêpe dans une assiette, couvrez-la généreusement de mousse au mascarpone bien fraîche, recouvrez d'une autre mini-crêpe puis de mascarpone. Terminez par une mini-crêpe et saupoudrez de cacao tamisé.
- Procédez de la même façon pour les 3 autres assiettes et servez.

Astuce. Il est important de procéder au montage au dernier moment pour que l'ensemble se tienne. Pour la même raison, les crêpes et la mousse doivent être froides.

Et pourquoi pas ?
- Version familiale : réalisez un tiramicreps de grande taille en confectionnant de grandes crêpes, mais attention, il sera difficile à découper…
- Vous pouvez servir les petits tiramicreps dans des verrines. Découpez alors les crêpes au diamètre du fond des verrines et montez le gâteau à l'intérieur (photo ci-contre).

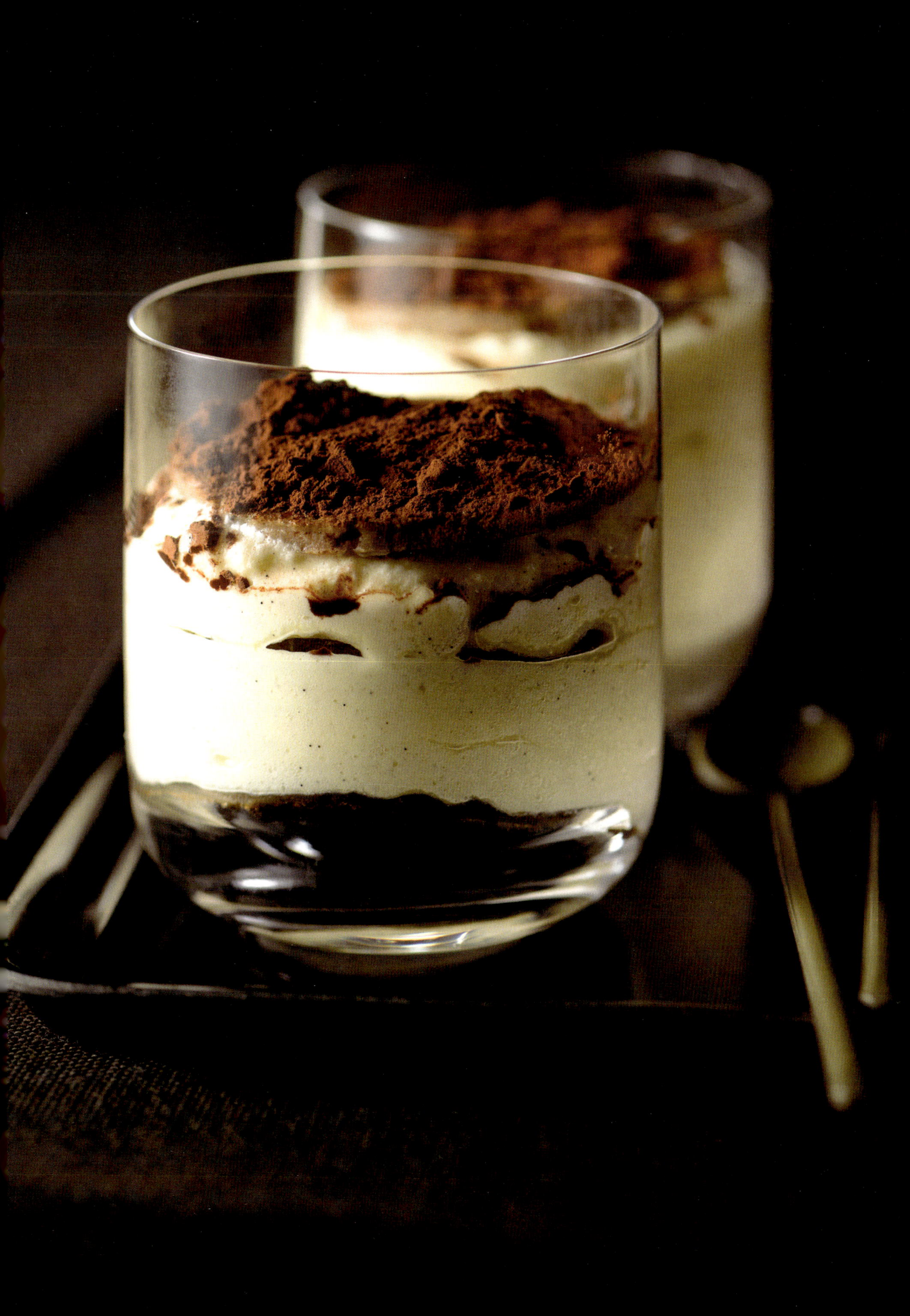

Préparation : 10 min
Repos de la pâte : 30 min
Cuisson : 2 à 3 min par crêpe + 9 min

Pour 4 aumônières

Pour la pâte
250 g de farine de froment
3 œufs
50 cl de lait
30 g de beurre fondu
2 cuil. à soupe de sucre en poudre
1 cuil. à soupe de rhum brun (facultatif)
1 sachet de sucre vanillé
5 cl d'huile neutre
1 pincée de sel

Pour la garniture
70 g de chocolat à pâtisserie
  (à 50 ou 60 % de cacao)
60 g de beurre
2 œufs
30 g de farine de froment
2 cuil. à soupe de sucre en poudre

aumônières au cœur coulant de chocolat

- Suivant la recette des crêpes sucrées à la farine de froment (voir p. 21), préparez la pâte et laissez-la reposer 30 min à température ambiante. Dans une poêle légèrement huilée, faites cuire 4 crêpes. Conservez le reste de pâte au réfrigérateur pour une utilisation ultérieure ou congelez-le dans une bouteille en plastique.
- Faites préchauffer le four à 180 °C (th. 6)
- Préparez la garniture : faites fondre le chocolat coupé en petits morceaux avec le beurre, au micro-ondes, pendant 1 min à puissance maximale en mélangeant à mi-cuisson.
- Dans un saladier, battez les œufs avec le sucre en poudre jusqu'à ce que le mélange blanchisse. Ajoutez le mélange chocolat-beurre et mélangez de nouveau. Enfin, ajoutez la farine et mélangez une dernière fois.
- Déposez au centre de chaque crêpe de pleines cuillerées à soupe de pâte et rassemblez les bords pour former des aumônières, fixez-les avec des petites piques en bois.
- Placez les aumônières dans un plat allant au four et enfournez pour 9 min. Dégustez tiède.

Et pourquoi pas ?
- Utilisez du beurre demi-sel pour rehausser la saveur du chocolat.
- Ajoutez à la pâte au chocolat 5 cl de café expresso pour un fondant chocolat-café ou quelques framboises pour une note fruitée.
- Servez ces aumônières avec un cordon de crème anglaise ou de caramel au beurre salé.
- Utilisez un long zeste d'orange préalablement ébouillanté pour nouer vos aumônières, ou un fil de réglisse.

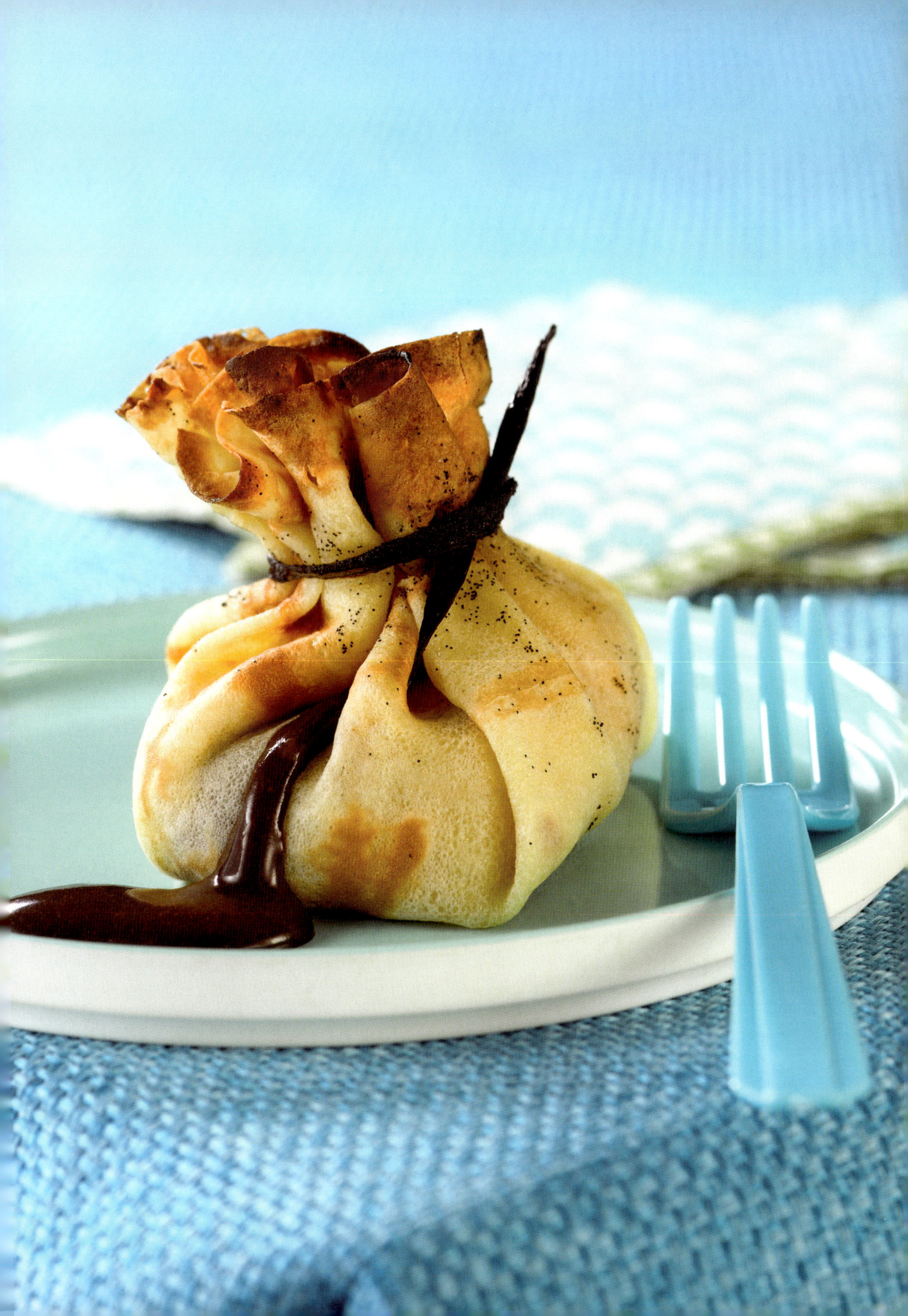

Préparation : 10 min
Repos de la pâte: 30 min
Cuisson : 2 à 3 min par crêpe + 10 min

Pour 4 crêpes

Pour la pâte
250 g de farine de froment
3 œufs
50 cl de lait
30 g de beurre fondu
2 cuil. à soupe de sucre en poudre
1 sachet de sucre vanillé
5 cl d'huile neutre
1 pincée de sel

Pour la garniture
400 g de cerises griottes dénoyautées
25 g de beurre
2 cuil. à soupe de miel
4 cuil. à soupe d'amaretto
1 cuil. à soupe de sucre glace
1 cuil. à soupe d'eau

Pour accompagner
Glace à la pistache

crêpes à la giboulée de cerises flambées à l'amaretto

- Suivant la recette des crêpes sucrées à la farine de froment (voir p. 21), préparez la pâte (sans le rhum) et laissez-la reposer 30 min à température ambiante.
- Dans une poêle légèrement huilée, faites cuire 4 crêpes. Conservez le reste de pâte au réfrigérateur pour une utilisation ultérieure ou congelez-le dans une bouteille en plastique.
- Préparez la garniture : faites chauffer une poêle avec 15 g de beurre. Quand il est chaud, versez les cerises, arrosez de miel et de 1 cuil. à soupe d'eau et faites cuire 5 min sur feu moyen en remuant souvent.
- Préchauffez le four à 180 °C (th. 6).
- Garnissez les 4 crêpes de cerises avec leur jus de cuisson et refermez-les en chausson. Déposez-les dans un plat allant au four et saupoudrez de sucre glace tamisé et de 10 g de copeaux de beurre. Enfournez pour 5 min.
- Pendant ce temps, faites chauffer l'amaretto dans une casserole jusqu'à frémissement. Sortez les crêpes du four et flambez-les à l'amaretto. Pour ce faire, allumez le contenu de la casserole à l'aide d'un briquet et versez sur les crêpes.
- Servez sans attendre, accompagné de glace à la pistache.

Et pourquoi pas ?
- Hors saison, vous pouvez réaliser la même recette avec des cerises au sirop, vous réserverez 2 cuil. à soupe de sirop pour ajouter à la poêlée. Pensez également aux griottes surgelées.
- Vous pouvez remplacer l'amaretto par du kirsch ou la glace à la pistache par de la glace au lait d'amande.

Où trouver...
L'amaretto est une liqueur italienne à base d'amandes de noyaux d'abricots. Vous la trouverez en épicerie italienne.

Préparation : 5 min
Repos de la pâte : 30 min
Refroidissement : 30 min
Cuisson : 2 à 3 min par crêpe + 15 min

Pour 4 crêpes

Pour la pâte
250 g de farine de froment
3 œufs
50 cl de lait
30 g de beurre fondu
2 cuil. à soupe de sucre en poudre
1 sachet de sucre vanillé
1 cuil. à soupe de rhum brun
5 cl d'huile neutre
1 pincée de sel

Pour la garniture
400 g de mangues au sirop
300 g de crème de coco sucrée
1 citron vert non traité (zeste et jus)

crêpes au confit mangue - coco - citron vert

- Suivant la recette des crêpes sucrées à la farine de froment (voir p. 21), préparez la pâte et laissez-la reposer 30 min à température ambiante.
- Dans une poêle légèrement huilée, faites cuire 4 crêpes. Conservez le reste de pâte au réfrigérateur pour une utilisation ultérieure ou congelez-le dans une bouteille en plastique.
- Préparez la garniture : récupérez le zeste du citron vert et râpez-le. Égouttez les tranches de mangue et coupez-les en dés.
- Faites chauffer la crème de coco avec le jus de citron vert dans une sauteuse sur feu doux. Quand elle frémit, ajoutez les dés de mangue et le zeste du citron vert. Laissez compoter à petits bouillons pendant 15 min (la crème de coco doit s'être évaporée presque totalement). Retirez du feu, et écrasez grossièrement la mangue cuite pour obtenir une purée épaisse. Laissez refroidir.
- Tartinez les crêpes de confit de mangue et roulez-les avant de les déguster froides.

Et pourquoi pas ?
- Cette crêpe étant très sucrée, pensez à la servir coupée en petites bouchées pour en faire des amuse-bouches sucrés.
- Pour équilibrer les saveurs, vous pouvez servir ces crêpes avec du sorbet au citron vert.
- Vous pouvez la réaliser avec des crêpes à l'eau (voir p. 25).

Où trouver…
La crème de coco sucrée se trouve en épicerie asiatique. Si vous n'en trouvez pas, mélangez de la crème de coco non sucrée avec 5 cl de sirop de sucre de canne.

paration : 10 min
Repos au frais : 30 min
Cuisson : 3 min par crêpe

Pour 8 crêpes

Pour la pâte
250 g de farine de froment
3 œufs
50 cl de lait
30 g de beurre fondu
2 cuil. à soupe de sucre en poudre
1 cuil. à soupe de rhum brun
1 sachet de sucre vanillé
5 cl d'huile neutre
1 pincée de sel

Pour la garniture
200 g de crème de marron
150 g de meringue
20 cl de crème fraîche liquide
1 yaourt nature

crêpes meringuées
à la crème... de crème de marron

- Suivant la recette des crêpes sucrées à la farine de froment (voir p.21), préparez la pâte et laissez-la reposer 30 min à température ambiante.
- Dans une poêle légèrement huilée, faites cuire 8 crêpes. Conservez le reste de pâte au réfrigérateur pour une utilisation ultérieure ou congelez-le dans une bouteille en plastique.
- Préparez la garniture : montez la crème liquide en chantilly à l'aide du batteur électrique. Incorporez le yaourt et battez de nouveau. Incorporez petit à petit la crème de marron en soulevant le mélange précédent à l'aide d'une spatule.
- Garnissez les crêpes froides de mousse de marron et saupoudrez de meringue grossièrement écrasée entre vos doigts. Servez sans attendre.

Et pourquoi pas ?
- Pour une version encore plus gourmande, ajoutez à la crème quelques brisures de marrons glacés.
- Vous pouvez congeler ces crêpes garnies et les servir glacées : ajoutez alors les meringues écrasées dans l'appareil à la crème de marron, roulez les crêpes en cornet, garnissez et surgelez. Vous obtiendrez de délicieux cornets glacés.

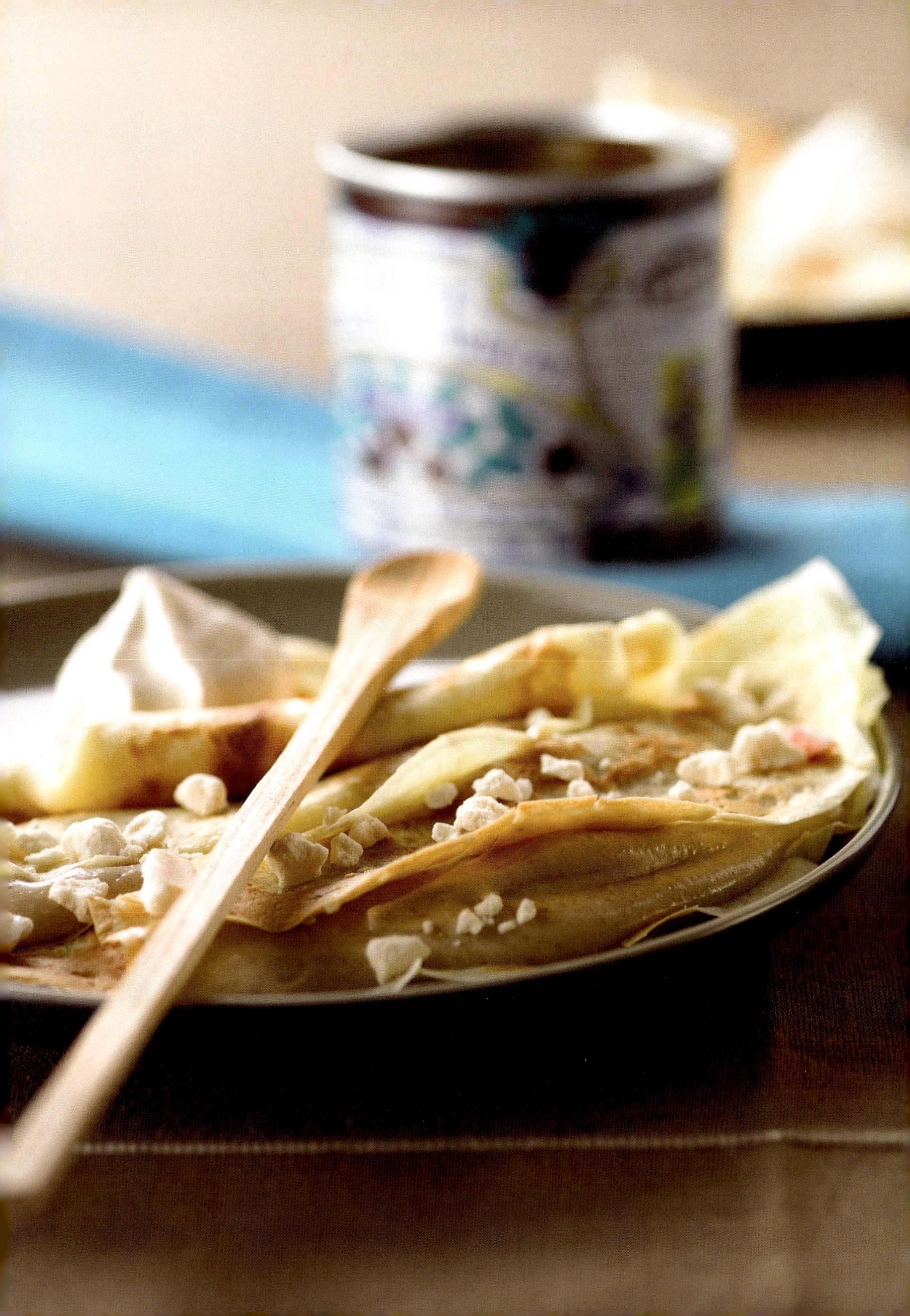

Préparation : 10 min
Repos de la pâte : 30 min
Repos de la garniture : 5 min
Cuisson : 6 min par crêpe

Pour 4 crépiaux

Pour la pâte
250 g de farine de froment
3 œufs
50 cl de lait
2 cuil. à soupe de sucre en poudre
1 sachet de sucre vanillé
30 g de beurre fondu
20 g de beurre
1 pincée de sel

Pour la garniture
3 pommes reinettes (environ 500 g)
1 cuil. à soupe de cognac
1 cuil. à café de jus de citron
3 cuil. à soupe de cassonade
  + 2 cuil. à soupe pour servir

crépiaux
aux pommes et cognac

- Suivant la recette des crêpes sucrées à la farine de froment (voir p. 21), préparez la pâte et laissez-la reposer.
- Pelez et épépinez les pommes. Coupez-les en fines lamelles, mettez-les dans une terrine, saupoudrez de cassonade et arrosez du cognac et du jus de citron. Mélangez délicatement avec les doigts pour que les lamelles de pommes soient bien enrobées de sucre. Laissez reposer 5 min.
- Faites chauffer à feu moyen une poêle à blinis avec 10 g de beurre. Quand elle est chaude, versez une petite quantité de pâte dans le fond de la poêle et disposez immédiatement par-dessus des lamelles de pommes en rosace, couvrez d'une autre petite dose de pâte pour que les pommes affleurent.
- Quand le dessus est pris, retournez le crépiau sur une assiette, remettez 10 g de beurre dans la poêle et faites glisser le crépiau dans la poêle pour qu'il cuise de l'autre côté. Prolongez la cuisson de 4 min. Une fois cuit, gardez-le au chaud en le plaçant dans un four préchauffé à 80 °C (th. 3), porte entrouverte. Procédez de la même façon pour les 3 autres crépiaux. Conservez le reste de pâte au frais pour une utilisation ultérieure ou congelez-le dans une bouteille en plastique.
- Servez chaud saupoudré de cassonade.

Et pourquoi pas ?
  - Cette recette est aussi très bonne avec des poires fermes et de la williamine à la place du cognac.
  - Accompagnez ces crépiaux de glace à la vanille.

Préparation : 15 min
Repos de la pâte : 30 min
Cuisson : 2 à 3 min par crêpe + 8 min

Pour 8 crêpes

Pour la pâte
250 g de farine de froment
3 œufs
50 cl de lait
30 g de beurre fondu
2 cuil. à soupe de sucre en poudre
1 sachet de sucre vanillé
1 cuil. à soupe de rhum brun (facultatif)
5 cl d'huile neutre
1 pincée de sel

Pour la garniture
4 grosses pommes
2 coings
2 cuil. à soupe de mascarpone
15 g de beurre demi-sel
2 cuil. à café de cannelle en poudre
1 cuil. à café de noix muscade en poudre
2 cuil. à soupe de miel

crêpes pomme - coing - cannelle

- Suivant la recette des crêpes sucrées à la farine de froment (voir p. 21), préparez la pâte et laissez-la reposer 30 min à température ambiante.
- Préparez un bain-marie : déposez une grande assiette sur une casserole remplie au tiers d'eau, le tout sur feu doux.
- Dans une poêle légèrement huilée, faites cuire 8 crêpes. Gardez les crêpes au chaud sur l'assiette posée sur le bain-marie. Conservez le reste de pâte au réfrigérateur pour une utilisation ultérieure ou congelez-le dans une bouteille en plastique.
- Préparez la garniture : épluchez et épépinez les pommes et les coings. Coupez les pommes en cubes d'environ 1 cm de côté et les coings en tout petits dés.
- Faites chauffer une poêle sur feu moyen avec le beurre demi-sel. Quand elle est chaude, ajoutez les fruits, la cannelle, la noix muscade et le miel et laissez cuire 8 min en mélangeant régulièrement. Ajoutez alors le mascarpone. Lorsqu'il est fondu, retirez du feu et mélangez délicatement.
- Déposez 2 cuil. à soupe de garniture sur chaque crêpe chaude et pliez les crêpes en éventail, avant d'en servir 2 par personne.

Astuce. Vous pouvez conserver cette garniture au frais 2 jours et la réchauffer rapidement au micro-ondes avant d'en garnir une crêpe.

Et pourquoi pas ?
- Pensez au sumac, épice se mariant très bien avec les pommes.
- Vous pouvez remplacer le coing par 1 poire ferme. Hors saison, pensez à une association pommes-mangues.
- Vous pouvez également utiliser pour cette recette des crêpes à l'eau (voir p. 25) ou des crêpes au lait d'amande (voir p. 24).

Préparation : 10 min
Cuisson : environ 3 min par pancake

Pour 8 pancakes

200 g de riz au lait à la vanille tout prêt
100 g de myrtilles
8 cl de lait
1 œuf
115 g de farine de froment
1/2 cuil. à café de levure chimique
1/2 gousse de vanille
5 cl d'huile neutre

pancakes au riz au lait vanillé
et myrtilles

- Dans un saladier, versez la farine et battez-la avec le riz au lait vanillé et le jaune d'œuf. Délayez avec le lait, ajoutez la levure et les graines de la gousse de vanille puis battez à nouveau.
- Préparez un bain-marie : déposez une grande assiette sur une casserole remplie au tiers d'eau, le tout sur feu doux.
- Montez le blanc d'œuf en neige au batteur électrique et incorporez-le délicatement à la pâte. Rincez les myrtilles, séchez-les et mélangez-les délicatement à la pâte.
- Faites chauffer sur feu moyen une poêle à blinis légèrement huilée. Quand elle est chaude, versez 1/2 louche de pâte pour former un pancake d'environ 5 mm. Quand le fond est bien pris et que le dessus fait de petites bulles, retournez-le délicatement à l'aide d'une spatule en bois.
Réservez au chaud sur le bain-marie. Procédez de la même façon jusqu'à épuisement de la pâte.
- Servez bien chaud.

Et pourquoi pas ?
- Vous pouvez utiliser des myrtilles surgelées ou séchées ou encore un mélange de fruits rouges frais ou surgelés.
- Ces pancakes sont aussi délicieux sans fruits, servis bien chauds arrosés de sirop d'érable ou de sirop de riz (en magasin biologique).

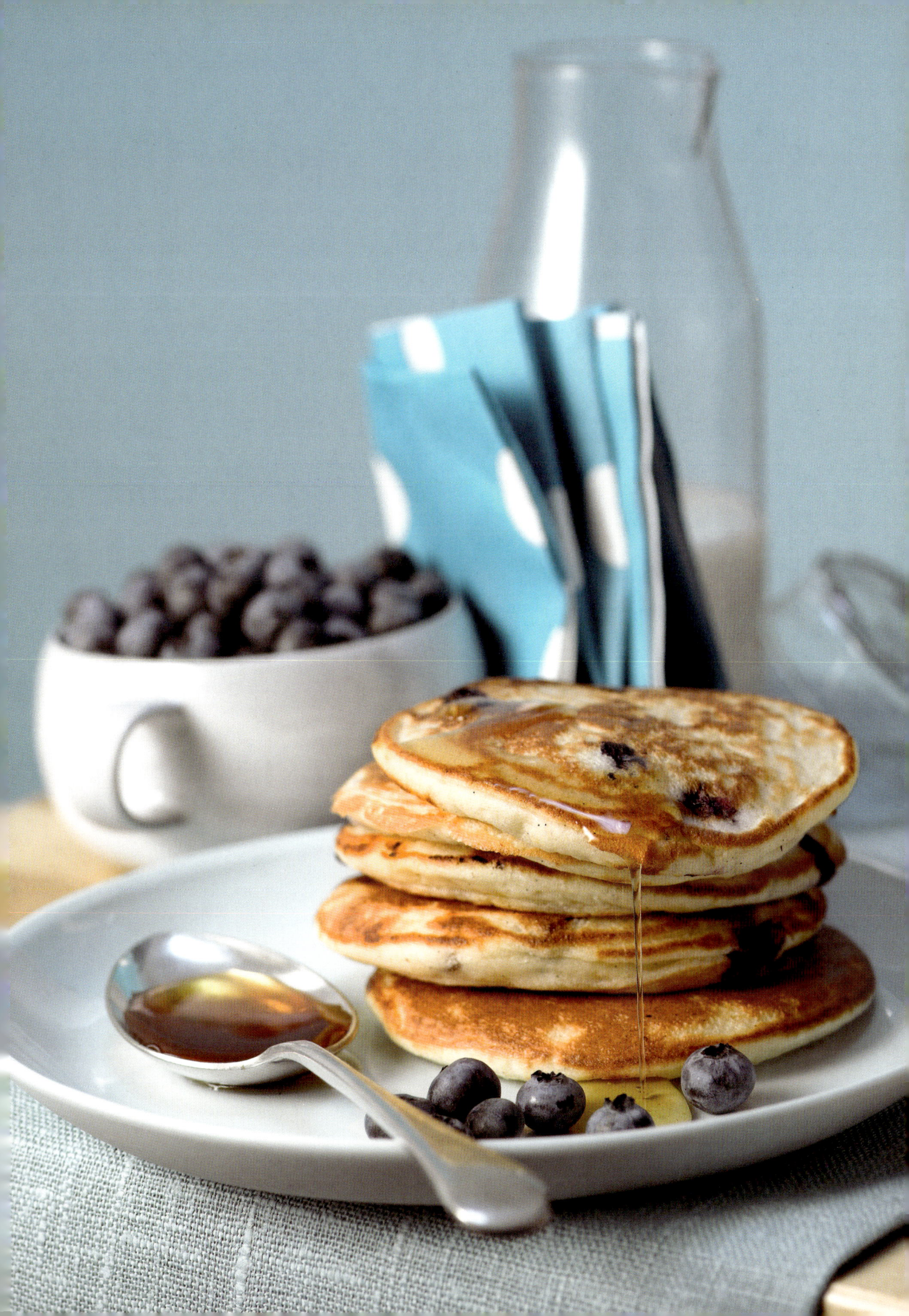

Préparation : 15 min
Cuisson : 3 min par pancake

Pour 6 pancakes

115 g de farine de froment
15 cl de lait de coco
1 œuf
6 tranches d'ananas au sirop
1 cuil. à café de rhum brun ambré
1 gousse de vanille
1 pincée de sel
5 cl d'huile neutre

Pour accompagner
Sorbet à la noix de coco

pancakes de coco à l'ananas

- Dans un saladier, versez la farine avec le sel. Séparez le blanc du jaune de l'œuf et ajoutez le jaune à la farine. Commencez à fouetter, puis ajoutez le lait de coco petit à petit, puis le rhum sans cesser de fouetter. Grattez la gousse de vanille et ajoutez les graines. Montez le blanc d'œuf en neige et incorporez-le délicatement à la préparation.
- Préparez un bain-marie : déposez une grande assiette sur une casserole remplie au tiers d'eau, le tout sur feu doux.
- Faites chauffer sur feu moyen une poêle à blinis légèrement huilée. Versez une petite louche de pâte et déposez immédiatement 1 tranche d'ananas au centre du pancake, appuyez légèrement. Laissez cuire 2 min et retournez délicatement à l'aide d'une spatule en bois. Prolongez la cuisson de 1 min. Gardez les crêpes au chaud sur l'assiette posée sur le bain-marie. Procédez de la même façon pour les 5 autres pancakes.
- Servez chaud accompagné de sorbet à la noix de coco.

Et pourquoi pas ?
- Pour un résultat encore plus esthétique, roulez les boules de sorbet à la noix de coco dans de la noix de coco râpée avant de les déposer au centre de la tranche d'ananas incrustée dans le pancake.

Préparation : 25 min
Repos de la pâte : 1 h
Refroidissement : 1 h
Repos au frais : 1 h
Cuisson : 30 min + 3 min par pancake

Pour 1 gâteau (6 personnes)

Pour la pâte
250 g de farine de froment
3 œufs
50 cl de lait
30 g de beurre fondu
2 cuil. à soupe de vergeoise brune
1 cuil. à café de cannelle en poudre
1/2 cuil. à café de gingembre en poudre
1 cuil. à café de mélange 4-épices
5 cl d'huile neutre
1 pincée de sel

Pour la garniture
200 g de fromage frais (Saint-Môret)
240 g de mascarpone
200 g de sucre en poudre
2 œufs + 1 jaune
20 g de beurre pour le moule
2 cuil. à soupe rases de farine
1 gousse de vanille
1 citron non traité (zeste)

New York cheesecrep'

- Dans un saladier, versez la farine, le sel, la vergeoise et les épices. Ajoutez les œufs et commencez à fouetter. Quand cela devient difficile, ajoutez 5 cl de lait et fouettez à nouveau pour obtenir une pâte homogène. Versez le reste du lait petit à petit et le beurre fondu sans cesser de fouetter. Laissez reposer 1 h à température ambiante.
- Dans une poêle légèrement huilée, faites cuire 12 crêpes et réservez-les.
- Préparez la garniture : râpez le zeste du citron, grattez la gousse de vanille. Battez ensemble le fromage frais, le mascarpone, le sucre en poudre, la farine, le zeste de citron râpé, les graines de vanille, les 2 œufs et le jaune.
- Préchauffez le four à 120 °C (th. 4).
- Dans le fond d'un moule à manqué beurré du même diamètre que les crêpes, déposez 1 crêpe puis mettez une couche de crème vanillée, posez 1 autre crêpe et répétez l'opération jusqu'à épuisement des crêpes et de la garniture. Terminez par 1 crêpe nature.
- Enfournez pour 30 min.
- Laissez refroidir puis démoulez et placez au frais 1 h avant de servir.

Et pourquoi pas ?
- Vous pouvez servir le cheesecrep' accompagné de coulis de fruit rouge ou d'une salade de fruits frais.
- Cette recette peut également être réalisée en version individuelle : tartinez 1 crêpe de crème à la vanille, roulez-la, faites ainsi pour les autres crêpes, rangez-les dans un plat à gratin puis enfournez pour 20 min. Réservez au frais au moins 1 h avant de servir.
- Pour varier les plaisirs, remplacez le zeste de citron jaune par le zeste de 1 citron vert ou de 1 orange non traitée.

Préparation : 15 min
Cuisson : 2 min 30 par crêpe

Pour 15 carrot crêpes

200 g de carottes râpées
150 g de farine de froment
50 g de vergeoise
1 yaourt nature
10 cl de lait
2 œufs
20 g de poudre de noisette
1 cuil. à café de levure chimique
2 cuil. à soupe d'huile neutre + 5 cl
2 cuil. à café de cannelle en poudre
1/2 cuil. à café de gingembre en poudre
1/2 cuil. à café d'anis vert en poudre
1 cuil. à café de mélange 4-épices

Pour le glaçage
10 cuil. à soupe de sucre glace
1/2 citron (jus)

carrot crêpes

- Dans un saladier, versez la farine, la vergeoise, la poudre de noisette et les épices. Mélangez et ajoutez les œufs battus, le yaourt, l'huile, le lait puis la levure. Fouettez vivement le tout pour obtenir un mélange homogène. Incorporez les carottes râpées et mélangez.
- Faites chauffer sur feu moyen une poêle à blinis légèrement huilée. Quand elle est chaude, versez 1/2 louche de pâte et baissez à feu doux. Laissez cuire 1 min 30 et retournez la crêpe délicatement à l'aide d'une spatule en bois. Prolongez la cuisson de 1 min. Faites glisser sur une assiette et procédez de la même façon jusqu'à épuisement de la pâte.
- Tamisez le sucre glace et délayez-le avec le jus du demi-citron. Nappez les crêpes aux carottes de ce glaçage avant de déguster tiède ou froid. Servez 2 ou 3 crêpes par personne.

Et pourquoi pas ?
- Pour une note croquante, vous pouvez ajouter à la pâte des noix ou des noisettes concassées.
- Servez avec de la glace à la noisette.

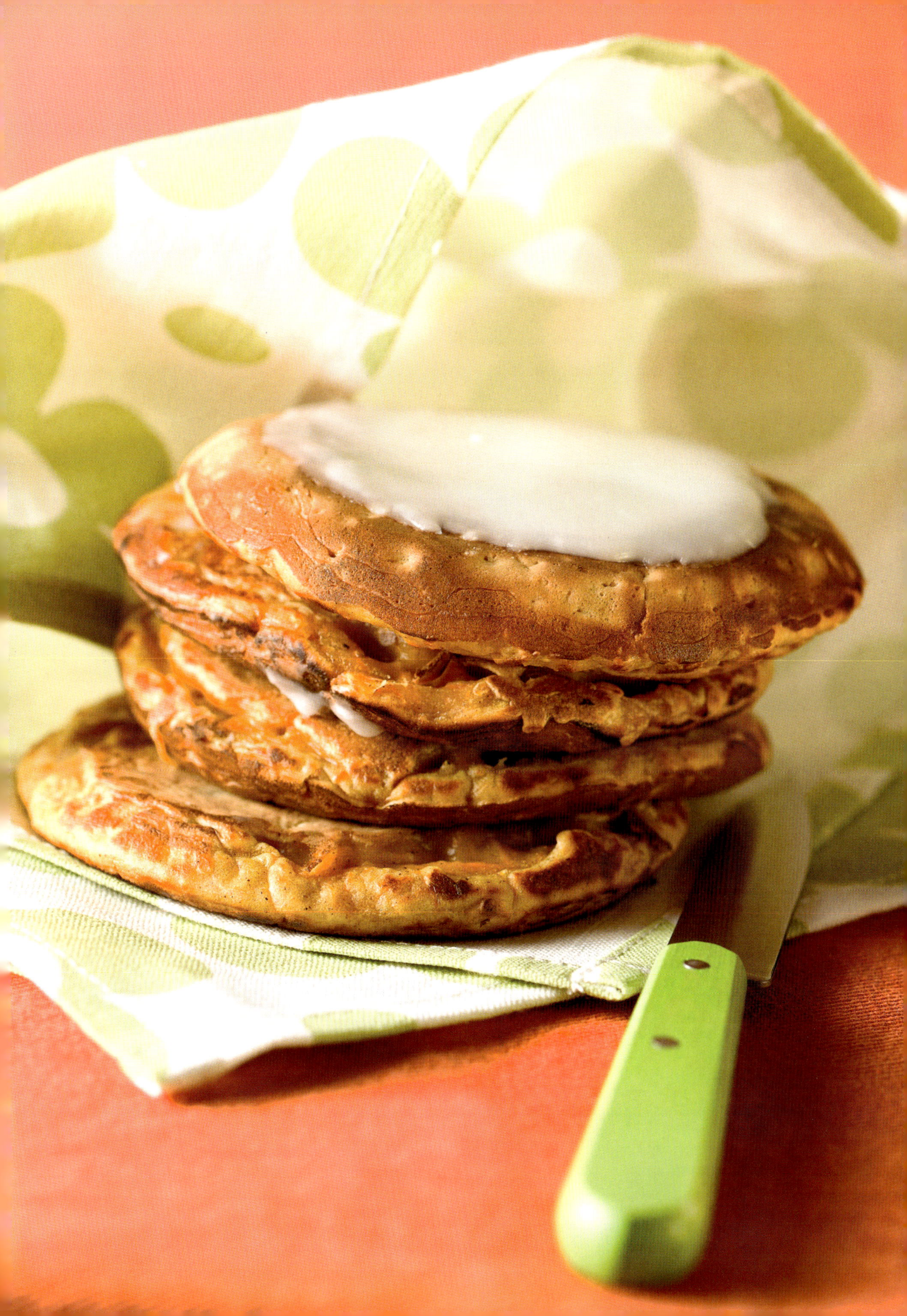

Préparation : 15 min
Repos de la pâte: 30 min
Cuisson : 2 à 3 min par crêpe + 15 min

Pour 8 aumônières

Pour la pâte
200 g de farine de froment
50 g de Maïzena
2 œufs
30 g de beurre fondu
25 cl de lait d'amande
 non sucré
10 cl d'eau
5 cl d'huile neutre
1 pincée de sel

Pour la garniture
500 g de mirabelles au sirop
2 yaourts à la vanille
1/2 citron (jus)
15 g de beurre
1 gousse de vanille

aumônières aux mirabelles vanillées

- Suivant la recette des crêpes au lait d'amande (voir p. 24), préparez la pâte et laissez-la reposer 30 min à température ambiante.
- Dans une poêle légèrement huilée, faites cuire 8 crêpes. Conservez le reste de pâte au réfrigérateur pour une utilisation ultérieure ou congelez-le dans une bouteille en plastique.
- Préparez la garniture : égouttez les mirabelles et conservez le sirop. Faites chauffer le beurre dans une poêle sur feu vif. Quand il est mousseux, ajoutez les mirabelles. Faites-les rouler dans le beurre pendant 4 min pour qu'elles dorent légèrement. Retirez les mirabelles et réservez-les. Versez dans la poêle 5 cl du sirop des mirabelles, le jus du demi-citron et la gousse de vanille fendue et grattée. Laissez réduire sur feu doux 6 min.
- Préchauffez le four à 200 °C (th. 6-7).
- Déposez 2 cuil. à soupe de mirabelles au centre de 1 crêpe et rassemblez les bords pour former une aumônière. Fixez avec une pique en bois ou à l'aide d'un bâton de vanille. Procédez de la même façon avec les 7 autres crêpes et disposez-les dans un plat à gratin. Enfournez pour 5 min.
- Pendant ce temps, battez les yaourts à la vanille avec le sirop de cuisson refroidi.
- Servez les aumônières tièdes accompagnées de la préparation au yaourt.

Et pourquoi pas ?
- Vous pouvez réaliser la même recette avec des crêpes sucrées à la farine de froment (voir p. 21).
- Préparer la garniture sans le yaourt et servir les crêpes arrosées du simple jus de cuisson.
- Les mirabelles peuvent être remplacées par des cerises au sirop en conserve.

Préparation : 15 min
Repos de la pâte : 30 min
Cuisson : 2 à 3 min par crêpe + 10 min

Pour 8 crêpes

Pour la pâte
250 g de farine de froment
3 œufs
50 cl de lait
30 g de beurre fondu
2 cuil. à soupe de sucre en poudre
1 cuil. à soupe de rhum brun (facultatif)
1 sachet de sucre vanillé
5 cl d'huile neutre
1 pincée de sel

Pour la garniture
200 g de fraises
100 g de mascarpone
2 cuil. à soupe de sucre en poudre

Pour le caramel balsamique
5 cl de vinaigre balsamique
2 cuil. à soupe de sucre en poudre

crêpes à la mousse de fraise
nappées de caramel balsamique

- Suivant la recette des crêpes sucrées à la farine de froment (voir p. 21), préparez la pâte et laissez-la reposer 30 min à température ambiante. Dans une poêle légèrement huilée, faites cuire 4 crêpes. Conservez le reste de pâte au réfrigérateur pour une utilisation ultérieure ou congelez-le dans une bouteille en plastique.
- Préparez la garniture : lavez et équeutez les fraises. Coupez-les en petits morceaux, ajoutez 2 cuil. à soupe de sucre en poudre et mixez le tout.
- Battez le mascarpone au fouet pendant 4 min et incorporez-y le coulis de fraise. Réservez au frais.
- Préparez le caramel : portez le vinaigre balsamique à ébullition dans une casserole avec 2 cuil. à soupe de sucre en poudre. Laissez-le réduire à petits bouillons jusqu'à ce qu'il nappe la cuillère. Retirez du feu.
- Déposez 2 bonnes cuil. à soupe de mascarpone à la fraise sur la moitié d'une crêpe et rabattez l'autre moitié par-dessus. Procédez de même avec les autres crêpes et faites goutter le caramel balsamique sur les crêpes avant de servir.

Et pourquoi pas ?
- Vous pouvez remplacer les fraises par des framboises.
- Hors saison, essayez une crêpe pliée en quatre, simplement surmontée de glace à la vanille et nappée de caramel balsamique.
- Si vous souhaitez que la mousse se tienne mieux, ajoutez 1 feuille de gélatine préalablement ramollie dans un bol d'eau froide puis pressée.

Préparation : 15 min
Repos de la pâte : 30 min
Cuisson : 2 à 3 min par crêpe + 15 min

Pour 6 aumônières

Pour la pâte
250 g de farine de froment
3 œufs
50 cl de lait
30 g de beurre fondu
2 cuil. à soupe de sucre en poudre
1 sachet de sucre vanillé
1 cuil. à soupe de rhum brun (facultatif)
5 cl d'huile neutre
1 pincée de sel

Pour les pêches pochées
3 pêches pas trop mûres
25 cl de vin doux
   (Sauternes, Monbazillac, Loupiac…)
275 g de sucre en poudre
3 brindilles de thym frais
1/2 orange non traitée (zeste)
40 cl d'eau

aumônières de pêches
pochées au vin doux et thym frais

- Suivant la recette des crêpes sucrées à la farine de froment (voir p. 21), préparez la pâte et laissez-la reposer 30 min à température ambiante.
- Dans une poêle légèrement huilée, faites cuire 6 crêpes. Conservez le reste de pâte au réfrigérateur pour une utilisation ultérieure ou congelez-le dans une bouteille en plastique.
- Préparez les pêches pochées : versez 40 cl d'eau, le vin doux et le sucre en poudre dans une casserole à fond large. Ajoutez le zeste d'orange que vous aurez préalablement râpé, les brindilles de thym frais et portez à ébullition.
- Lavez les pêches, coupez-les en deux sans les éplucher ni enlever le noyau. Déposez-les dans la casserole et laissez cuire à frémissement pendant 15 min.
- Sans retirer la casserole du feu, pour que le sirop réduise, égouttez les demi-pêches et laissez-les tiédir avant de retirer le noyau et la peau qui se décolle toute seule.
- Déposez 1 demi-pêche pochée au centre d'une crêpe et rassemblez les bords pour former une aumônière, fixez-la avec une pique en bois. Renouvelez l'opération pour les 5 autres crêpes.
- Servez une aumônière par personne arrosée de sirop de cuisson filtré et tiédi.

Et pourquoi pas ?
- Remplacez les brindilles de thym frais par de la verveine (fraîche ou séchée) ou par 1 cuil. à soupe d'origan séché.
- Utilisez des branches de thym frais blanchies à l'eau bouillante pour fixer joliment vos aumônières.
- Servez avec un sorbet au thym ou à la verveine.

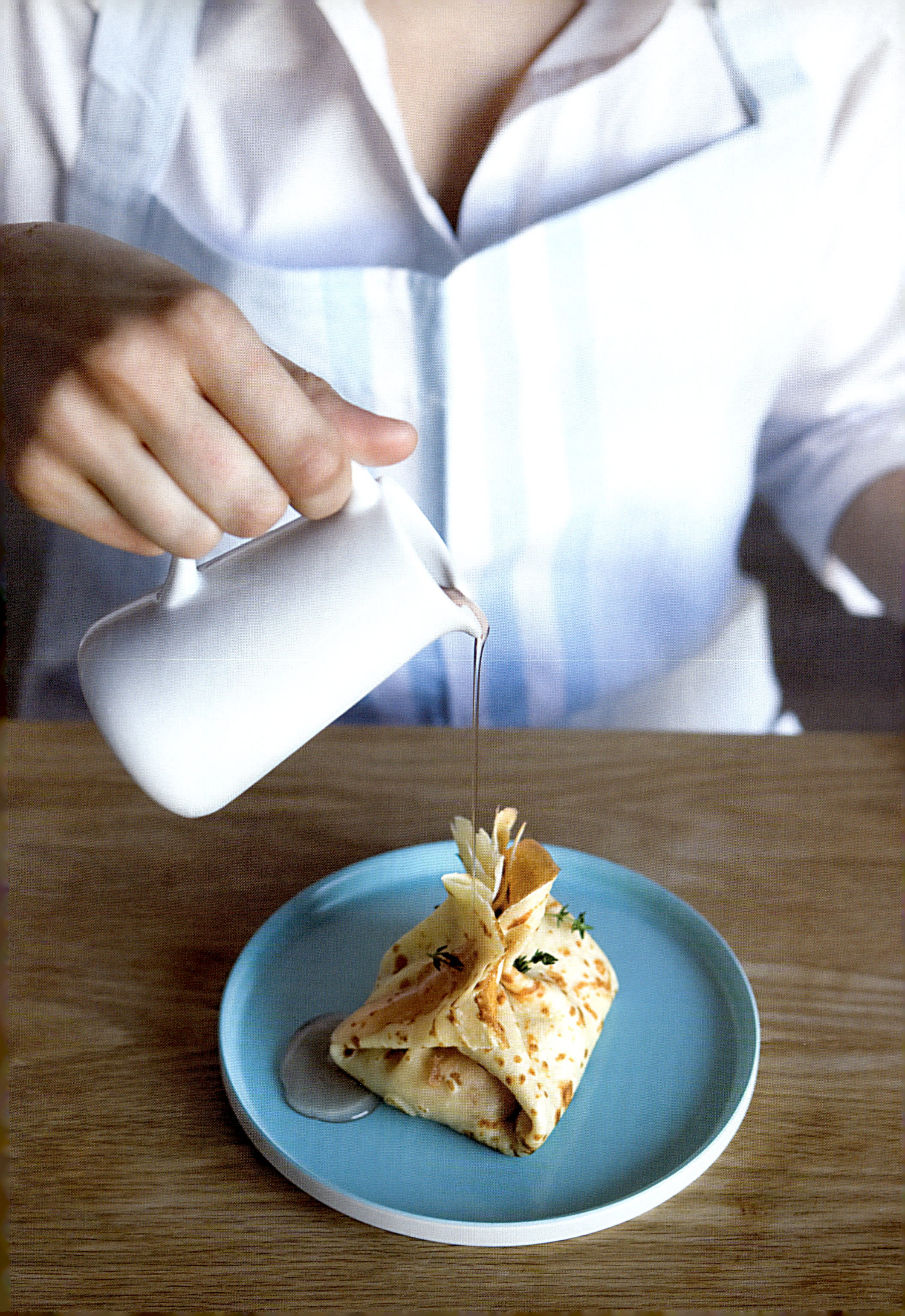

Préparation : 20 min
Repos de la pâte : 30 min
Cuisson : 2 à 3 min par crêpe
   + 10 à 15 min

Pour 8 crêpes

Pour la pâte
250 g de farine de froment
3 œufs
50 cl de lait
30 g de beurre fondu
2 cuil. à soupe de sucre en poudre
1 sachet de sucre vanillé
1 cuil. à soupe de rhum brun
5 cl d'huile neutre
1 pincée de sel

Pour la garniture
500 g de tranches d'ananas au sirop
15 g de beurre
1 cuil. à café d'anis en poudre
2 sachets de sucre vanillé

Pour accompagner
Sorbet au citron vert

crêpes à l'ananas
caramélisé à l'anis

- Suivant la recette des crêpes sucrées à la farine de froment (voir p. 21), préparez la pâte et laissez-la reposer 30 min à température ambiante.
- Préparez un bain-marie : déposez une grande assiette sur une casserole remplie au tiers d'eau, le tout sur feu doux.
- Dans une poêle légèrement huilée, faites cuire 8 crêpes. Gardez les crêpes au chaud sur l'assiette posée sur le bain-marie. Conservez le reste de pâte au réfrigérateur pour une utilisation ultérieure ou congelez-le dans une bouteille en plastique.
- Préparez la garniture : égouttez les tranches d'ananas et réservez 5 cl du sirop. Faites chauffer le beurre dans une poêle sur feu vif. Quand le beurre est mousseux, déposez les tranches d'ananas à plat dans la poêle sans qu'elles se chevauchent (au besoin, faites-le en deux fois). Saupoudrez du sucre vanillé et de l'anis moulu. Laissez dorer 3 min et retournez. Laissez caraméliser 3 min de plus. Déglacez le fond de la poêle avec le sirop d'ananas. Laissez caraméliser 3 min.
- Déposez 3 tranches d'ananas sur chaque crêpe chaude, repliez les bords et servez accompagné de sorbet au citron vert.

Et pourquoi pas ?
- Vous pouvez remplacer l'anis par des graines de coriandre, que vous aurez préalablement écrasées au mortier ou par un bâton de cannelle. Pensez également au poivre long, au poivre de Jamaïque.
- L'ananas au sirop peut être remplacé par de l'ananas frais et le sorbet au citron vert par de la glace à la noix de coco.
- Vous pouvez flamber les tranches d'ananas au rhum brun avant de dresser. Faites chauffer 2 cuil. à soupe de rhum brun dans une casserole jusqu'à frémissement. Retirez du feu, allumez le contenu de la casserole à l'aide d'un briquet et versez immédiatement sur l'ananas.

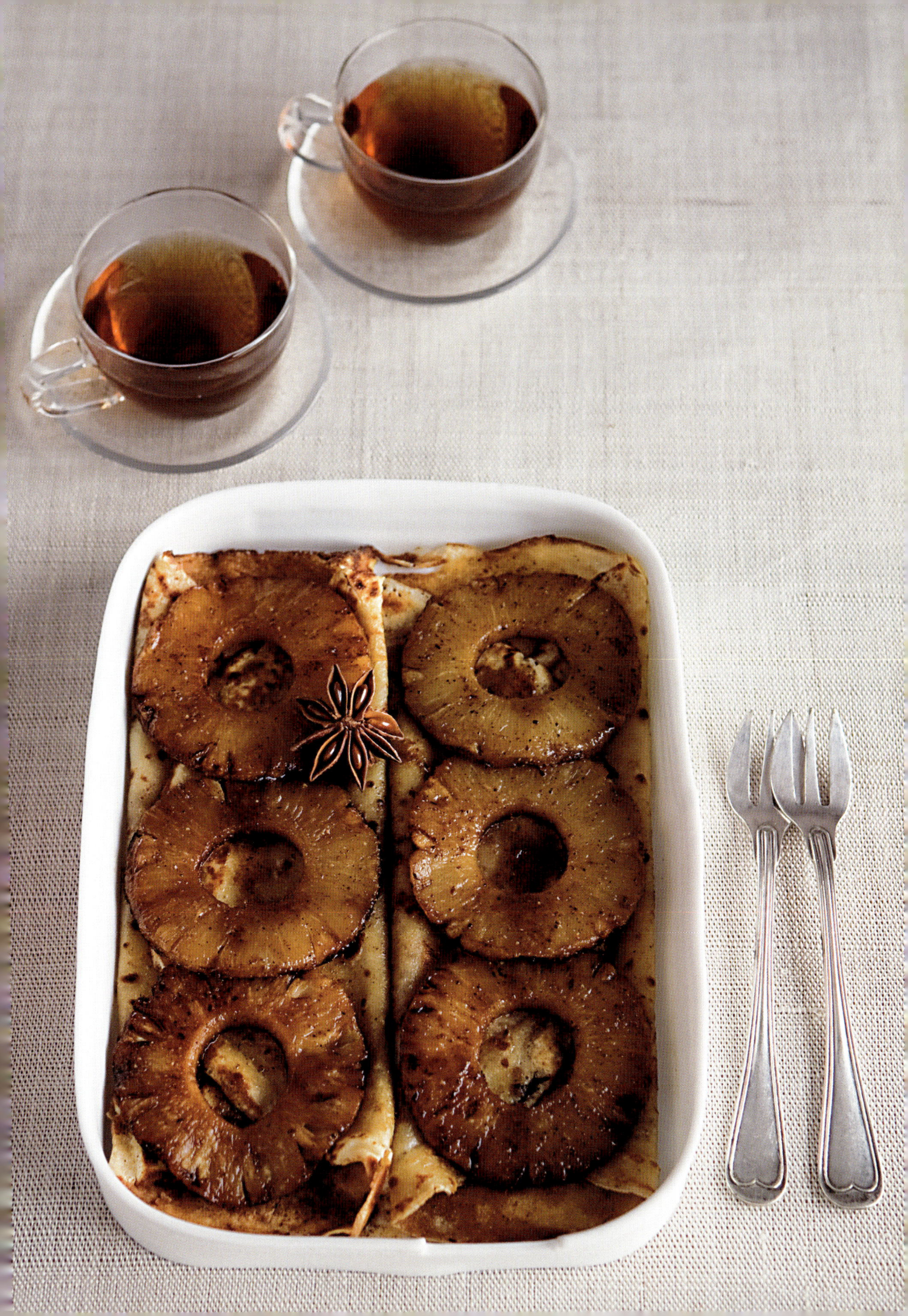

Table des recettes

Les recettes de base ... 19
Crêpes salées à la farine de froment ... 20
Crêpes sucrées au froment ... 21
Galettes de blé noir (farine de sarrasin) ... 22
Crêpes à la farine de châtaigne ... 23
Crêpes au lait d'amande ... 24
Crêpes à l'eau ... 25
Crêpes à la bière ... 26
Blinis express ... 27
Pancakes ... 28

Les recettes salées ... 31
Tapas d'anchois et pimientos del piquillo ... 32
Crêpes au lard fumé ... 34
Caprinettes de Touraine ... 35
Tortilla de pommes de terre et fromage filant ... 36
La complète au sarrasin ... 38
Mini-bouchées orientales à l'agneau ... 40
Crêpes de châtaigne aux patates douces et oignons rouges ... 43
Crêpes à pois ... 44
Galettes à la farine de lentille et andouille de Guéméné ... 46
Gratin de galettes au jambon ... 47
Blinis moelleux de polenta aux cèpes ... 48
Cornets exotiques au poulet coco ... 50
Galettes basques au fromage de brebis et confiture de cerises noires ... 52
Bouchées châtaigne-carotte-pastis ... 54
Blinis à la crème d'œufs de saumon ... 56
Crêpe façon « cheese nan » ... 57
Crépiaux aux courgettes râpées ... 58
Galette au caviar d'aubergines et graines de grenade ... 60
Galettes au bœuf, sésame et mimolette vieille ... 62
Lasagnes de crêpes à la bolognaise ... 64
Mini-aumônières de veau au citron ... 66
Galettes au boudin antillais et pommes fruits ... 68
Galettes à la libanaise : aubergines, tomates, coriandre ... 70
Wraps au bacon et avocat ... 72
Galettes au haddock et épinard sauce hollandaise ... 74
Tourbillons de blé noir au saumon fumé ... 76

Les recettes sucrées ... 79
Crêpes au lemon curd et sésame noir ... 80
Crêpes flambées à la banane ... 82
Cigares de crêpes à la rhubarbe épicée ... 84
Crêpes soufflées au cassis ... 86
Sandwiches de mini-crêpes tout choco ... 88
Gâteau de crêpes façon Pim's ... 90
Crêpes à la crème de pain d'épices ... 92
Crêpes bleues à l'orange ... 94
Banana pancakes ... 96
Crêpes dentelle ... 97
Beignets de crêpes ibériques ... 98
Crêpes mille trous de Khadija ... 100
Crêpes au lait de coco et coulis de kiwi ... 102
Crêpes au miel et aux fruits secs ... 103
Gâteau de crêpes girly aux fraises Tagada ... 104
Crêpes slaves au fromage blanc et raisins secs ... 106
Crêpes aux poires et à la réglisse ... 108
Crêpes aphrodisiaques aux poires et gingembre confit ... 109
Crêpes aux framboises et à la rose ... 110
Crêpes au caramel au beurre salé et croûtons croustillants de pain d'épices ... 112
Clafouticrep' ... 114
Crêpes strudel ... 115
Crêpes choco framboise ... 116
Crêpes aux nectarines grillées, romarin et rinquinquin ... 118
Pancakes aux flocons d'avoine et abricots secs ... 120
Crêpes à la compotée d'abricots à la lavande ... 121
Mini-crêpes choco-guimauve ... 122
Crêpes aux abricots et sirop d'orgeat ... 124
Crêpes à la crème d'amande et cerises Amarena ... 125
Tiramicreps ... 126
Aumônières au cœur coulant de chocolat ... 128
Crêpes à la giboulée de cerises flambées à l'amaretto ... 130
Crêpes au confit mangue-coco-citron vert ... 131
Crêpes meringuées à la crème… de crème de marron ... 132
Crépiaux aux pommes et cognac ... 134
Crêpes pomme-coing-cannelle ... 135
Pancakes au riz au lait vanillé et myrtilles ... 136
Pancakes de coco à l'ananas ... 138
New York cheesecrep' ... 139
Carrot crêpes ... 140
Aumônières aux mirabelles vanillées ... 142
Crêpes à la mousse de fraise nappées de caramel balsamique ... 143
Aumônières de pêches pochées au vin doux et thym frais ... 144
Crêpes à l'ananas caramélisé à l'anis ... 146

Index par ingrédients

FRUITS ET LÉGUMES

Abricot
Clafouticrep'..114
Crêpes à la compotée d'abricots à la lavande 121
Crêpes aux abricots et sirop d'orgeat 124
Abricot sec
Pancakes aux flocons d'avoine et abricots secs 120
Crêpes au miel et aux fruits secs 103

Ail
Blinis moelleux de polenta aux cèpes......................48
Galette au caviar d'aubergines et graines
  de grenade 60
Lasagnes de crêpes à la bolognaise 64
Mini-bouchées orientales à l'agneau........................40
Tapas d'anchois et pimientos del piquillo 32
Tortilla de pommes de terre et fromage filant 36

Agrume (zeste)
Crêpes à l'eau 25

Amande
Crêpes à la compotée d'abricots à la lavande 121
Crêpes au miel et aux fruits secs 103
Mini-aumônières de veau au citron..........................66
Amande effilée
Caprinettes de Touraine 35
Crêpes au miel et aux fruits secs 103
Crépiaux aux courgettes râpées 58
Sandwiches de mini-crêpes tout choco 88

Ananas
Ananas au sirop
Crêpes à l'ananas caramélisé à l'anis 146
Pancakes de coco à l'ananas 138
Ananas Victoria
Crêpes au lait de coco et coulis de kiwi 102

Artichaut
Tapas d'anchois et pimientos del piquillo 32

Aubergine
Galette au caviar d'aubergines et graines
  de grenade 60
Galettes à la libanaise : aubergines, tomates,
  coriandre 70
Lasagnes de crêpes à la bolognaise 64

Avocat
Wraps au bacon et avocat 72

Banane
Banana pancakes 96
Crêpes flambées à la banane 82
Galettes au boudin antillais et pommes fruits 68

Canneberges
Crêpes au miel et aux fruits secs 103

Carotte
Carrot crêpes..140
Bouchées châtaigne-carotte-pastis 54
Crépiaux aux courgettes râpées 58
Lasagnes de crêpes à la bolognaise 64
Mini-bouchées orientales à l'agneau........................40

Cassis
Crêpes soufflées au cassis 86
Crêpes choco framboise 116

Cèpe
Blinis moelleux de polenta aux cèpes......................48

Cerise
Cerise griotte
Crêpes à la giboulée de cerises flambées
  à l'amaretto 130
Cerise noire
Clafouticrep'..114
Cerises Amarena
Crêpes à la crème d'amande et cerises Amarena 125
Cerises au sirop
Aumônières aux mirabelles vanillées 142
Crêpes à la crème d'amande et cerises Amarena ..125
Crêpes à la giboulée de cerises flambées
  à l'amaretto 130

Champignon de Paris
Blinis moelleux de polenta aux cèpes......................48
Gratin de galettes au jambon 47

Citron
Blinis à la crème d'œufs de saumon........................56
Blinis moelleux de polenta aux cèpes......................48
Cigares de crêpes à la rhubarbe épicée...................84
Cornets exotiques au poulet coco............................50
Crêpes à pois 44
Crêpes au lemon curd et sésame noir 80
Crépiaux aux courgettes râpées 58
Galette au caviar d'aubergines et graines
  de grenade 60
Galettes à la libanaise : aubergines, tomates,
  coriandre 70
Galettes au haddock et épinard sauce hollandaise ..74
Mini-aumônières de veau au citron..........................66
Tourbillons de blé noir au saumon fumé..................76
Wraps au bacon et avocat 72
Jus
Aumônières aux mirabelles vanillées 142
Carrot crêpes..140
Crêpes à la compotée d'abricots à la lavande 121
Crêpes aphrodisiaques aux poires et
  gingembre confit 109
Crêpes au caramel au beurre salé et croûtons
  croustillants de pain d'épices 112
Crêpes aux poires et à la réglisse 108
Crépiaux aux pommes et cognac 134
Mini-bouchées orientales à l'agneau........................40
Zeste
Caprinettes de Touraine 35

Index par ingrédients **149**

Crêpes aux abricots et sirop d'orgeat 124
Crêpes sucrées à la farine de froment 21
Mini-bouchées orientales à l'agneau........................40
New York cheesecrep'..139

Citron confit
Galettes à la libanaise : aubergines, tomates,
   coriandre 70

Citron vert
Crêpes au confit mangue-coco-citron vert 131
Crêpes au lait de coco et coulis de kiwi 102
Crêpes flambées à la banane 82
Gâteau de crêpes girly aux fraises Tagada............104
New York cheesecrep'..139

Citrouille
Crépiaux aux courgettes râpées 58

Coing
Crêpes pomme-coing-cannelle 135

Courgette
Crépiaux aux courgettes râpées 58
Galettes à la libanaise : aubergines, tomates,
   coriandre 70
Lasagnes de crêpes à la bolognaise 64

Datte
Pancakes aux flocons d'avoine et abricots secs 120

Échalote
Cornets exotiques au poulet coco.............................50
Crêpes de châtaigne aux patates douces et
   oignons rouges 43
Lasagnes de crêpes à la bolognaise 64
Mini-bouchées orientales à l'agneau........................40

Épinard
Galettes au haddock et épinard sauce hollandaise.......74
Lasagnes de crêpes à la bolognaise 64

Fève
Crêpes à pois 44

Figue
Caprinettes de Touraine 35
Figue sèche
Crêpes au miel et aux fruits secs 103
Mini-bouchées orientales à l'agneau........................40
Pancakes aux flocons d'avoine et abricots secs 120
Figues confites
Crêpes mille trous de Khadija 100

Fleur d'hibiscus
Crêpes à l'eau 25

Fraise
Cigares de crêpes à la rhubarbe épicée...................84
Crêpes à la mousse de fraise nappées de
   caramel balsamique 143

Framboise
Aumônières au cœur coulant de chocolat 128
Crêpes à la mousse de fraise nappées de
   caramel balsamique 143
Crêpes choco framboise 116
Crêpes aux framboises et à la rose 110
Crêpes soufflées au cassis 86
Framboises au sirop
Crêpes à la crème d'amande et
   cerises Amarena 125

Fruit de la passion
Crêpes au lemon curd et sésame noir 80
Crêpes au lait de coco et coulis de kiwi 102

Girolle
Blinis moelleux de polenta aux cèpes.......................48

Grenade
Galette au caviar d'aubergines et graines
   de grenade 60

Kiwi
Crêpes au lait de coco et coulis de kiwi 102

Laitue
Wraps au bacon et avocat 72

Litchi
Crêpes aux framboises et à la rose 110

Mangue
Banana pancakes 96
Crêpes au confit mangue-coco-citron vert 131
Crêpes au lait de coco et coulis de kiwi 102
Crêpes pomme-coing-cannelle 135

Mousseron
Blinis moelleux de polenta aux cèpes.......................48

Mûre
Crêpes choco framboise 116

Myrtille
Crêpes choco framboise 116
Pancakes au riz au lait vanillé et myrtilles 136

Nectarine
Crêpes aux nectarines grillées, romarin et
   rinquinquin 118

Oignon
Crêpes de châtaigne aux patates douces et
   oignons rouges 43
Galettes à la farine de lentille et andouille de
   Guéméné 46
Lasagnes de crêpes à la bolognaise 64

Orange
Crêpes bleues à l'orange 94
Crêpes flambées à la banane 82
Jus
Crêpes au lemon curd et sésame noir 80
Gâteau de crêpes façon Pim's 90
Zeste
New York cheesecrep'..139

Aumônières de pêches pochées au vin doux
  et thym frais 144
Crêpes sucrées à la farine de froment 21

Oseille
Galettes au haddock et épinard sauce hollandaise......74

Panais
Crépiaux aux courgettes râpées 58

Patate douce
Crêpes de châtaigne aux patates douces et
  oignons rouges 43

Pêche
Aumônières de pêches pochées au vin doux et
  thym frais...144
Crêpes aux abricots et sirop d'orgeat 124
Crêpes aux nectarines grillées, romarin et
  rinquinquin 118

Petit pois
Crêpes à pois 44

Pleurote
Blinis moelleux de polenta aux cèpes........................48

Poire
Crêpes aphrodisiaques aux poires et
  gingembre confit 109
Crêpes aux poires et à la réglisse 108
Crêpes pomme-coing-cannelle 135
Crépiaux aux pommes et cognac 134

Pomme
Caprinettes de Touraine 35
Crêpes aphrodisiaques aux poires et
  gingembre confit 109
Crêpes pomme-coing-cannelle 135
Crêpes strudel 115
Crépiaux aux pommes et cognac 134
Galettes au boudin antillais et pommes fruits 68

Pomme de terre
Bouchées châtaigne-carotte-pastis 54
Tortilla de pommes de terre et fromage filant 36

Potiron
Crêpes de châtaigne aux patates douces et
  oignons rouges 43

Radis noir
Tapas d'anchois et pimientos del piquillo 32

Rhubarbe
Cigares de crêpes à la rhubarbe épicée....................84

Tomate
Cornets exotiques au poulet coco..............................50
Galettes à la libanaise : aubergines, tomates,
  coriandre 70
Wraps au bacon et avocat 72
Chair en conserve
Lasagnes de crêpes à la bolognaise 64

Trompette de la mort
Blinis moelleux de polenta aux cèpes........................48

HERBES ET ÉPICES
Aneth
Blinis à la crème d'œufs de saumon..........................56
Galettes de blé noir (farine de sarrasin) 22
Tourbillons de blé noir au saumon fumé 76

Anis
Bouchées châtaigne-carotte-pastis 54
Carrot crêpes...140
Crêpes à l'ananas caramélisé à l'anis 146
Crêpes aux abricots et sirop d'orgeat 124

Baies roses
Blinis à la crème d'œufs de saumon..........................56

Cannelle
New York cheesecrep'..139
Beignets de crêpes ibériques 98
Carrot crêpes...140
Cigares de crêpes à la rhubarbe épicée....................84
Crêpes pomme-coing-cannelle 135
Crêpes strudel 115
Crêpes sucrées à la farine de froment 21
Galettes au boudin antillais et pommes fruits 68
Mini-bouchées orientales à l'agneau.........................40
Pancakes aux flocons d'avoine et abricots secs 120
Sandwiches de mini-crêpes tout choco 88
Bâton
Crêpes à l'ananas caramélisé à l'anis 146

Cardamome
Crêpes sucrées à la farine de froment 21

Ciboulette
Crépiaux aux courgettes râpées 58
Galettes de blé noir (farine de sarrasin) 22
Mini-bouchées orientales à l'agneau.........................40
Tortilla de pommes de terre et fromage filant 36
Tourbillons de blé noir au saumon fumé 76

Citronnelle
Cornets exotiques au poulet coco..............................50

Coriandre
Crêpe façon « cheese nan ».......................................57
Crépiaux aux courgettes râpées 58
Galettes à la libanaise : aubergines, tomates,
  coriandre 70
Galettes de blé noir (farine de sarrasin) 22
Mini-aumônières de veau au citron............................66
Mini-bouchées orientales à l'agneau.........................40
Mini-bouchées orientales à l'agneau.........................40
Graines
Crêpes à l'ananas caramélisé à l'anis 146

Cumin
Crêpes salées à la farine de froment 20
Mini-bouchées orientales à l'agneau.........................40

Mini-bouchées orientales à l'agneau..........................40

Graines
Crêpe façon « cheese nan ».................................57
Crépiaux aux courgettes râpées 58

Curry
Crêpe façon « cheese nan ».................................57
Crêpes de châtaigne aux patates douces et
　oignons rouges 43
Crêpes salées à la farine de froment 20
Mini-bouchées orientales à l'agneau..........................40
Mini-bouchées orientales à l'agneau..........................40

Estragon
Bouchées châtaigne-carotte-pastis 54
Galettes de blé noir (farine de sarrasin) 22

Garam masala
Crêpe façon « cheese nan ».................................57
Garam masala : Crêpes de châtaigne aux patates
　douces et oignons rouges..................................43

Gingembre
Mini-aumônières de veau au citron..........................66
Mini-bouchées orientales à l'agneau..........................40
Poudre
Carrot crêpes..140
Cigares de crêpes à la rhubarbe épicée..................84
Crêpes aphrodisiaques aux poires et
　gingembre confit 109
New York cheesecrep'..139
Confit
Crêpes aphrodisiaques aux poires et
　gingembre confit 109

Laurier
Lasagnes de crêpes à la bolognaise 64

Lavande (fleur séchée)
Crêpes au lait d'amande 24
Crêpes à la compotée d'abricots à la lavande 121
Crêpes aux nectarines grillées, romarin et
　rinquinquin 118

Mélange 4-épices
New York cheesecrep'..139
Carrot crêpes..140
Crêpes aphrodisiaques aux poires et
　gingembre confit 109
Cigares de crêpes à la rhubarbe épicée..................84

Menthe
Crêpes à pois 44
Crépiaux aux courgettes râpées 58
Mini-aumônières de veau au citron..........................66

Origan
Aumônières de pêches pochées au vin doux et
　thym frais..144

Paprika
Crêpes de châtaigne aux patates douces et
　oignons rouges 43

Crêpes salées à la farine de froment 20

Pavot bleu (graines)
Crêpes au lemon curd et sésame noir 80

Persil
Blinis moelleux de polenta aux cèpes......................48
Crêpes au lard fumé 34
Crépiaux aux courgettes râpées 58
Galettes à la libanaise : aubergines, tomates,
　coriandre 70
Galettes de blé noir (farine de sarrasin) 22
La complète au sarrasin 38
Mini-aumônières de veau au citron..........................66

Piment
Cornets exotiques au poulet coco..........................50
Piment d'Espelette
Sandwiches de mini-crêpes tout choco 88
Piment doux
Crêpes salées à la farine de froment 20
Pimientos del piquillo
Tapas d'anchois et pimientos del piquillo 32

Poivre
Poivre de Jamaïque
Crêpes à l'ananas caramélisé à l'anis 146
Poivre long
Crêpes à l'ananas caramélisé à l'anis 146

Romarin
Crêpes à l'eau..25
Crêpes à la compotée d'abricots à la lavande 121
Crêpes aux nectarines grillées, romarin et
　rinquinquin 118

Safran
Crêpes aux poires et à la réglisse 108
Sandwiches de mini-crêpes tout choco 88
Tortilla de pommes de terre et fromage filant 36

Sésame
Sésame blanc (graines)
Crêpes au lemon curd et sésame noir 80
Sésame noir (graines)
Crêpes au lemon curd et sésame noir 80

Sumac
Crêpes pomme-coing-cannelle 135

Thym
Aumônières de pêches pochées au vin doux et
　thym frais..144
Crêpes à l'eau..25
Crêpes aux nectarines grillées, romarin et
　rinquinquin 118
Lasagnes de crêpes à la bolognaise 64

Vanille
Beignets de crêpes ibériques 98
Crêpes à la compotée d'abricots à la lavande 121
Crêpes sucrées à la farine de froment 21
New York cheesecrep'..139

Pancakes au riz au lait vanillé et myrtilles 136
Pancakes de coco à l'ananas 138
Sandwiches de mini-crêpes tout choco 88
Tiramicreps 126

Verveine
Aumônières de pêches pochées au vin doux et
thym frais...144

ÉPICERIE

Arôme amande amère
Crêpes au lait d'amande 24
Sandwiches de mini-crêpes tout choco 88

Batna
Gâteau de crêpes girly aux fraises Tagada.............104

Bouillon
Bouillon de bœuf
Galettes de blé noir (farine de sarrasin) 22
Bouillon de volaille
Crêpes salées à la farine de froment 20
Galettes de blé noir (farine de sarrasin) 22
Court-bouillon
Galettes de blé noir (farine de sarrasin) 22

Brioche
Crêpes au caramel au beurre salé et croûtons
croustillants de pain d'épices 112

Cacao
Crêpes choco framboise 116
Sandwiches de mini-crêpes tout choco 88
Tiramicreps 126

Café expresso
Aumônières au cœur coulant de chocolat 128
Tiramicreps 126

Carambar
Gâteau de crêpes girly aux fraises Tagada.............104

Chapelure
Mini-aumônières de veau au citron..........................66

Châtaigne cuite en bocal
Crêpes à la farine de châtaigne 23

Chocolat
Mini-crêpes choco-guimauve 122
Chocolat blanc
Sandwiches de mini-crêpes tout choco 88
Chocolat noir
Gâteau de crêpes façon Pim's 90
Sandwiches de mini-crêpes tout choco 88
Chocolat à pâtisserie
Aumônières au cœur coulant de chocolat 128

Confiture
Confit de pétales de rose
Crêpes aux framboises et à la rose 110

Confiture d'abricots
Gâteau de crêpes façon Pim's 90
Confiture d'oranges amères
Crêpes slaves au fromage blanc et raisins secs 106
Confiture d'oranges
Gâteau de crêpes façon Pim's 90
Confiture de cerises noires
Galettes basques au fromage de brebis et
confiture de cerises noires 52
Confiture de figues
Galettes basques au fromage de brebis et
confiture de cerises noires 52
Confiture de fraises
Gâteau de crêpes façon Pim's 90
Confiture de mûres
Galettes basques au fromage de brebis et
confiture de cerises noires 52
Confiture de myrtilles
Galettes basques au fromage de brebis et
confiture de cerises noires 52

Crème d'avoine
Crêpes de châtaigne aux patates douces et
oignons rouges 43

Crème de cassis
Crêpes soufflées au cassis 86

Crème de coco
Crêpes au confit mangue-coco-citron vert 131

Crème de framboise
Crêpes soufflées au cassis 86

Crème de marron
Crêpes meringuées à la crème… de
crème de marron..132

Crème de sésame
Galette au caviar d'aubergines et graines
de grenade 60

Crème de soja
Crêpes de châtaigne aux patates douces et
oignons rouges 43

Curaçao bleu
Crêpes bleues à l'orange 94

Eau de fleur d'oranger
Crêpes sucrées à la farine de froment 21

Eau de rose
Crêpes sucrées à la farine de froment 21

Eau pétillante
Crêpes à la bière..26

Farine
Farine de blé noir (sarrasin)
Galettes de blé noir (farine de sarrasin) 22
La complète au sarrasin 38
Mini-bouchées orientales à l'agneau.......................40
Cornets exotiques au poulet coco...........................50

Index par ingrédients **153**

Galette au caviar d'aubergines et graines de grenade 60
Galettes à la libanaise : aubergines, tomates, coriandre 70
Galettes au bœuf, sésame et mimolette vieille 62
Galettes au boudin antillais et pommes fruits 68
Galettes au haddock et épinard sauce hollandaise .. 74
Galettes basques au fromage de brebis et confiture de cerises noires 52
Gratin de galettes au jambon 47
Lasagnes de crêpes à la bolognaise 64
Mini-aumônières de veau au citron 66
Tapas d'anchois et pimientos del piquillo 32
Tourbillons de blé noir au saumon fumé 76
Wraps au bacon et avocat 72

Farine de châtaigne
Bouchées châtaigne-carotte-pastis 54
Crêpes à la farine de châtaigne 23
Crêpes de châtaigne aux patates douces et oignons rouges 43

Farine de froment
New York cheesecrep' 139
Aumônières au cœur coulant de chocolat 128
Aumônières aux mirabelles vanillées 142
Aumônières de pêches pochées au vin doux et thym frais 144
Banana pancakes 96
Beignets de crêpes ibériques 98
Blinis à la crème d'œufs de saumon 56
Blinis express 27
Blinis moelleux de polenta aux cèpes 48
Caprinettes de Touraine 35
Carrot crêpes 140
Cigares de crêpes à la rhubarbe épicée 84
Clafouticrep' 114
Crêpe façon « cheese nan » 57
Crêpes à l'ananas caramélisé à l'anis 146
Crêpes à l'eau 25
Crêpes à la bière 26
Crêpes à la compotée d'abricots à la lavande 121
Crêpes à la crème d'amande et cerises Amarena .. 125
Crêpes à la crème de pain d'épices 92
Crêpes à la giboulée de cerises flambées à l'amaretto 130
Crêpes à la mousse de fraise nappées de caramel balsamique 143
Crêpes à pois 44
Crêpes aphrodisiaques aux poires et gingembre confit 109
Crêpes au caramel au beurre salé et croûtons croustillants de pain d'épices 112
Crêpes au confit mangue-coco-citron vert 131
Crêpes au lait d'amande 24
Crêpes au lait de coco et coulis de kiwi 102
Crêpes au lard fumé 34
Crêpes au lemon curd et sésame noir 80
Crêpes au miel et aux fruits secs 103
Crêpes aux abricots et sirop d'orgeat 124
Crêpes aux framboises et à la rose 110
Crêpes aux nectarines grillées, romarin et rinquinquin 118
Crêpes aux poires et à la réglisse 108
Crêpes bleues à l'orange 94
Crêpes choco framboise 116
Crêpes dentelle 97
Crêpes flambées à la banane 82
Crêpes meringuées à la crème... de crème de marron 132
Crêpes pomme-coing-cannelle 135
Crêpes salées à la farine de froment 20
Crêpes slaves au fromage blanc et raisins secs ... 106
Crêpes soufflées au cassis 86
Crêpes strudel 115
Crêpes sucrées à la farine de froment 21
Crépiaux aux courgettes râpées 58
Crépiaux aux pommes et cognac 134
Galettes à la farine de lentille et andouille de Guéméné 46
Gâteau de crêpes façon Pim's 90
Gâteau de crêpes girly aux fraises Tagada 104
Gratin de galettes au jambon 47
Mini-crêpes choco-guimauve 122
Pancakes au riz au lait vanillé et myrtilles 136
Pancakes aux flocons d'avoine et abricots secs ... 120
Pancakes de coco à l'ananas 138
Pancakes 28
Sandwiches de mini-crêpes tout choco 88
Tiramicreps 126
Tortilla de pommes de terre et fromage filant 36

Farine de lentille verte du Berry
Galettes à la farine de lentille et andouille de Guéméné 46

Farine de riz
Crêpes à la farine de châtaigne 23
Crêpes au lait d'amande 24

Flocons d'avoine
Pancakes aux flocons d'avoine et abricots secs ... 120

Fraise Tagada
Gâteau de crêpes girly aux fraises Tagada 104

Fruits confits
Crêpes dentelle 97
Crêpes slaves au fromage blanc et raisins secs ... 106

Gélatine
Crêpes à la mousse de fraise nappées de caramel balsamique 143
Gâteau de crêpes girly aux fraises Tagada 104

Gelée de coing
Galettes basques au fromage de brebis et confiture de cerises noires 52

Gelée de piment d'Espelette
Galettes basques au fromage de brebis et confiture de cerises noires 52

Glace
À la noix de coco

Crêpes à l'ananas caramélisé à l'anis 146
À la pistache
Crêpes à la giboulée de cerises flambées
  à l'amaretto 130
Au lait d'amande
Crêpes à la giboulée de cerises flambées
  à l'amaretto 130

Golden syrup
Pancakes aux flocons d'avoine et abricots secs 120

Guacamole
Tapas d'anchois et pimientos del piquillo 32

Guimauve
Mini-crêpes choco-guimauve 122

Griotte au sirop
Clafouticrep' 114

Huile
Huile d'olive
Crêpes à la farine de châtaigne 23
Crêpes aux nectarines grillées, romarin et
  rinquinquin 118
Crêpes salées à la farine de froment 20
Blinis moelleux de polenta aux cèpes........................48
Huile de sésame
Galettes au bœuf, sésame et mimolette vieille..........62

Marrons glacés
Crêpes meringuées à la crème... de crème
  de marron 132

Meringue
Crêpes meringuées à la crème... de crème
  de marron 132

Miel
Banana pancakes 96
Caprinettes de Touraine 35
Crêpes à la giboulée de cerises flambées
  à l'amaretto 130
Crêpes au miel et aux fruits secs 103
Crêpes aux nectarines grillées, romarin et
  rinquinquin 118
Crêpes mille trous de Khadija 100
Crêpes pomme-coing-cannelle 135
Pancakes aux flocons d'avoine et abricots secs 120

Mirabelles au sirop
Aumônières aux mirabelles vanillées 142

Moutarde
Wraps au bacon et avocat 72
Graines
Bouchées châtaigne-carotte-pastis 54
Crêpes au lard fumé 34

Muesli
Muesli au chocolat
Pancakes aux flocons d'avoine et abricots secs 120
Muesli aux fruits secs
Pancakes aux flocons d'avoine et abricots secs 120

Noisette
Carrot crêpes..140
Crêpes au miel et aux fruits secs 103

Noix
Cerneaux
Blinis moelleux de polenta aux cèpes........................48
Carrot crêpes..140
Crêpes au miel et aux fruits secs 103
Crêpes slaves au fromage blanc et raisins secs 106
Noix de coco (râpée)
Cornets exotiques au poulet coco..............................50
Sandwiches de mini-crêpes tout choco 88
Noix de macadamia
Crêpes au miel et aux fruits secs 103
Noix de pécan
Crêpes au miel et aux fruits secs 103
Crêpes de châtaigne aux patates douces et
  oignons rouges 43
Crêpes pomme-coing-cannelle 135
Gratin de galettes au jambon 47

Pain d'épices
Crêpes à la crème de pain d'épices 92
Crêpes au caramel au beurre salé et croûtons
  croustillants de pain d'épices 112

Pâte à tartiner chocolat-noisette
Crêpes choco framboise 116

Pépites de caramel
Banana pancakes 96

Pépites de chocolat
Banana pancakes 96

Pignons de pin
Mini-aumônières de veau au citron 66

Pistache non salée
Clafouticrep' 114

Polenta instantanée
Blinis moelleux de polenta aux cèpes........................48

Poudre d'amande
Clafouticrep' 114
Crêpes à la crème d'amande et cerises Amarena 125
Mini-bouchées orientales à l'agneau..........................40

Poudre de noisette
Carrot crêpes..140
Crêpes strudel 115

Pralin
Clafouticrep' 114

Praline rose
Crêpes au miel et aux fruits secs 103

Pruneau
Mini-bouchées orientales à l'agneau..........................40

Raifort
Blinis à la crème d'œufs de saumon..........................56

Tourbillons de blé noir au saumon fumé 76

Raisins secs
Crêpes slaves au fromage blanc et raisins secs 106
Crêpes strudel 115

Réglisse
Crêpes aux poires et à la réglisse 108

Riz au lait à la vanille
Pancakes au riz au lait vanillé et myrtilles 136

Sauce chili
Wraps au bacon et avocat 72

Semoule de blé extra-fine
Crêpes mille trous de Khadija 100

Sirop
D'érable
Pancakes aux flocons d'avoine et abricots secs 120
D'orgeat
Crêpes aux abricots et sirop d'orgeat 124
De sureau
Crêpes aux abricots et sirop d'orgeat 124
De grenadine
Gâteau de crêpes girly aux fraises Tagada..............104
De rose
Crêpes aux framboises et à la rose 110
De sucre
Caprinettes de Touraine 35

Sorbet à la noix de coco
Pancakes de coco à l'ananas 138

Sorbet au citron vert
Crêpes à l'ananas caramélisé à l'anis 146

Spéculoos
Crêpes à la crème de pain d'épices 92

Sucre
Sucre de canne
Crêpes au lait de coco et coulis de kiwi 102
Sucre glace
Carrot crêpes..140
Crêpes à la giboulée de cerises flambées
   à l'amaretto 130
Crêpes bleues à l'orange, 94
Crêpes slaves au fromage blanc et raisins secs 106
Crêpes strudel 115
Gâteau de crêpes façon Pim's 90
Sandwiches de mini-crêpes tout choco 88
Sucre muscovado
Crêpes flambées à la banane 82
Sucre vanillé
Aumônières au cœur coulant de chocolat 128
Aumônières de pêches pochées au vin doux
   et thym frais 144
Caprinettes de Touraine 35
Cigares de crêpes à la rhubarbe épicée....................84
Clafouticrep'...114

Crêpes à l'ananas caramélisé à l'anis 146
Crêpes à l'ananas caramélisé à l'anis 146
Crêpes à la crème d'amande et cerises Amarena......125
Crêpes à la crème de pain d'épices 92
Crêpes à la giboulée de cerises flambées
   à l'amaretto 130
Crêpes à la mousse de fraise nappées de
   caramel balsamique 143
Crêpes aphrodisiaques aux poires et
   gingembre confit 109
Crêpes au caramel au beurre salé et croûtons
   croustillants de pain d'épices 112
Crêpes au confit mangue-coco-citron vert 131
Crêpes au lemon curd et sésame noir 80
Crêpes au miel et aux fruits secs 103
Crêpes aux abricots et sirop d'orgeat 124
Crêpes aux framboises et à la rose 110
Crêpes aux poires et à la réglisse 108
Crêpes dentelle 97
Crêpes flambées à la banane 82
Crêpes meringuées à la crème... de crème
   de marron 132
Crêpes pomme-coing-cannelle 135
Crêpes slaves au fromage blanc et raisins secs 106
Crêpes soufflées au cassis 86
Crêpes strudel 115
Crêpes sucrées à la farine de froment 21
Crépiaux aux pommes et cognac 134
Gâteau de crêpes façon Pim's 90
Tiramicreps 126

Cassonade
Crêpes à la compotée d'abricots à la lavande 121
Crêpes aphrodisiaques aux poires et
   gingembre confit 109
Crêpes aux poires et à la réglisse 108
Crêpes flambées à la banane 82
Crépiaux aux pommes et cognac 134

Vergeoise
Carrot crêpes..140
Crêpes aphrodisiaques aux poires et
   gingembre confit 109
New York cheesecrep'..139

Rapadura
Crêpes aux poires et à la réglisse 108

Thé
Crêpes à l'eau 25
Crêpes slaves au fromage blanc et raisins secs 106
Crêpes sucrées à la farine de froment 21
Pancakes aux flocons d'avoine et abricots secs 120

Vinaigre balsamique
Crêpes à la mousse de fraise nappées de
   caramel balsamique 143

Wasabi
Tourbillons de blé noir au saumon fumé 76

Zeste d'orange confit
Pancakes aux flocons d'avoine et abricots secs 120

VIANDES ET VOLAILLES

Agneau
Mini-bouchées orientales à l'agneau..........................40

Andouille de Guémené
Galettes à la farine de lentille et andouille de
   Guémené 46

Bacon
Crêpes au lard fumé 34
Galettes au haddock et épinard sauce hollandaise 74
Wraps au bacon et avocat 72

Bœuf
Bœuf haché
Lasagnes de crêpes à la bolognaise 64
Mini-bouchées orientales à l'agneau..........................40
Carpaccio
Galettes au bœuf, sésame et mimolette vieille..........62

Boudin
Galettes au boudin antillais et pommes fruits 68

Dinde
Cornets exotiques au poulet coco..............................50
Wraps au bacon et avocat 72

Jambon
Jambon blanc
Crêpes à pois 44
Gratin de galettes au jambon 47
La complète au sarrasin,..38
Jambon de Parme
Crêpes à pois 44
Gratin de galettes au jambon 47
Jambon San Daniele
Gratin de galettes au jambon 47
Jambon serrano
Gratin de galettes au jambon 47

Lard fumé
Crêpes au lard fumé 34

Pancetta
Crêpes au lard fumé 34
La complète au sarrasin 38

Poulet (blanc)
Cornets exotiques au poulet coco..............................50

Saucisse
Crêpes au lard fumé 34

Veau
Escalope
Cornets exotiques au poulet coco..............................50
Haché
Mini-aumônières de veau au citron 66
Mini-bouchées orientales à l'agneau..........................40

POISSONS ET CRUSTACÉS

Anchois (pâte)
Tapas d'anchois et pimientos del piquillo 32

Crevette
Wraps au bacon et avocat 72
Bouchées châtaigne-carotte-pastis 54

Haddock
Galettes au haddock et épinard sauce hollandaise ..74

Langoustine
Bouchées châtaigne-carotte-pastis 54

Saumon (œufs)
Blinis à la crème d'œufs de saumon...........................56

Saumon fumé
Blinis à la crème d'œufs de saumon...........................56
Tapas d'anchois et pimientos del piquillo 32
Tourbillons de blé noir au saumon fumé 76

Truite (œufs)
Blinis à la crème d'œufs de saumon...........................56

Truite fumée
Tourbillons de blé noir au saumon fumé 76

FROMAGES ET CRÉMERIE

Beurre demi-sel
Aumônières au cœur coulant de chocolat 128
Crêpes au caramel au beurre salé et croûtons
   croustillants de pain d'épices 112
Crêpes pomme-coing-cannelle 135
Galettes à la farine de lentille et andouille de
   Guémené 46
La complète au sarrasin 38

Cabécou
Crêpes à pois 44

Cantal
Tortilla de pommes de terre et fromage filant 36

Comté
Galettes basques au fromage de brebis et
   confiture de cerises noires 52

Fromage blanc
Blinis à la crème d'œufs de saumon...........................56
Fromage blanc de chèvre
Caprinettes de Touraine 35
Fromage blanc en faisselle
Crêpes slaves au fromage blanc et raisins secs 106

Fromage de brebis
Tortilla de pommes de terre et fromage filant 36

Fromage de chèvre
Crépiaux aux courgettes râpées 58
Tourbillons de blé noir au saumon fumé 76
Galettes basques au fromage de brebis et
   confiture de cerises noires 52

Index par ingrédients **157**

Tortilla de pommes de terre et fromage filant 36

Fromage fondu
Crêpe façon « cheese nan » 57

Gorgonzola
Galettes au bœuf, sésame et mimolette vieille 62
Tortilla de pommes de terre et fromage filant 36

Gruyère
Tortilla de pommes de terre et fromage filant 36
Râpé
Gratin de galettes au jambon 47
La complète au sarrasin 38

Lait
Aumônières au cœur coulant de chocolat 128
Aumônières de pêches pochées au vin doux
   et thym frais 144
Banana pancakes 96
Blinis à la crème d'œufs de saumon..........................56
Blinis express 27
Blinis moelleux de polenta aux cèpes.......................48
Carrot crêpes...140
Cigares de crêpes à la rhubarbe épicée....................84
Clafouticrep'...114
Crêpe façon « cheese nan » 57
Crêpes à l'ananas caramélisé à l'anis 146
Crêpes à la bière...26
Crêpes à la crème d'amande et cerises Amarena......125
Crêpes à la crème de pain d'épices 92
Crêpes à la giboulée de cerises flambées
   à l'amaretto 130
Crêpes à la mousse de fraise nappées de
   caramel balsamique 143
Crêpes à pois 44
Crêpes aphrodisiaques aux poires et
   gingembre confit 109
Crêpes au caramel au beurre salé et croûtons
   croustillants de pain d'épices 112
Crêpes au confit mangue-coco-citron vert 131
Crêpes au lard fumé 34
Crêpes au lemon curd et sésame noir 80
Crêpes au miel et aux fruits secs 103
Crêpes aux abricots et sirop d'orgeat 124
Crêpes aux framboises et à la rose 110
Crêpes aux poires et à la réglisse 108
Crêpes bleues à l'orange 94
Crêpes choco framboise 116
Crêpes dentelle 97
Crêpes flambées à la banane 82
Crêpes meringuées à la crème… de crème
   de marron 132
Crêpes pomme-coing-cannelle 135
Crêpes salées à la farine de froment 20
Crêpes slaves au fromage blanc et raisins secs 106
Crêpes soufflées au cassis 86
Crêpes strudel 115
Crêpes sucrées à la farine de froment 21

Crépiaux aux pommes et cognac 134
Gâteau de crêpes façon Pim's 90
Gâteau de crêpes girly aux fraises Tagada.............104
New York cheesecrep'..139
Pancakes au riz au lait vanillé et myrtilles 136
Pancakes aux flocons d'avoine et abricots secs 120
Pancakes..28
Sandwiches de mini-crêpes tout choco 88
Tiramicreps..126
Tortilla de pommes de terre et fromage filant 36

Lait d'amande
Aumônières aux mirabelles vanillées 142
Crêpes à la compotée d'abricots à la lavande 121
Crêpes au lait d'amande 24
Crêpes aux nectarines grillées, romarin et
   rinquinquin 118

Lait de chèvre
Crêpes à pois 44

Lait de coco
Cornets exotiques au poulet coco.............................50
Crêpes au lait de coco et coulis de kiwi 102
Pancakes de coco à l'ananas 138

Lait de riz
Pancakes aux flocons d'avoine et abricots secs 120

Lait de soja
Galettes à la farine de lentille et andouille de
   Guémené 46
Gratin de galettes au jambon 47

Manchego
Gratin de galettes au jambon 47

Mascarpone
New York cheesecrep'..139
Blinis à la crème d'œufs de saumon..........................56
Crêpes à la mousse de fraise nappées de
   caramel balsamique 143
Crêpes pomme-coing-cannelle 135
Tiramicreps..126

Mimolette vieille
Galettes au bœuf, sésame et mimolette vieille 62

Mozzarella
Lasagnes de crêpes à la bolognaise 64

Ossau-iraty
Galettes basques au fromage de brebis et
   confiture de cerises noires 52

Parmesan
Galettes au bœuf, sésame et mimolette vieille 62
Gratin de galettes au jambon 47
Tortilla de pommes de terre et fromage filant 36

Pecorino
Gratin de galettes au jambon 47
La complète au sarrasin 38

Petit-suisse
Crêpes choco framboise 116

158 Index par ingrédients

Wraps au bacon et avocat 72

Ricotta
Blinis à la crème d'œufs de saumon..........................56
Crêpes dentelle 97

Roquefort
Galettes au bœuf, sésame et mimolette vieille..........62

Yaourt
Blinis à la crème d'œufs de saumon..........................56
Blinis express 27
Carrot crêpes..140
Crêpes aux nectarines grillées, romarin et
 rinquinquin 118
Crêpes meringuées à la crème... de crème
 de marron 132
Mini-bouchées orientales à l'agneau........................40
Pancakes aux flocons d'avoine et abricots secs 120

Yaourt à la vanille
Aumônières aux mirabelles vanillées 142

Yaourt aromatisé
Blinis express 27

Yaourt au lait de brebis
Tapas d'anchois et pimientos del piquillo 32

Yaourt au lait de chèvre
Crépiaux aux courgettes râpées 58

Yaourt au soja
Blinis express 27

ALCOOLS

Amaretto
Crêpes à la giboulée de cerises flambées
 à l'amaretto 130

Bière blanche
Crêpes à la bière..26
Crêpes salées à la farine de froment 20

Cidre brut
Crêpes à la bière..26

Cognac
Crêpes sucrées à la farine de froment 21
Crépiaux aux pommes et cognac 134

Grand Marnier
Crêpes bleues à l'orange 94
Crêpes sucrées à la farine de froment 21

Kirsch
Clafouticrep'..114
Crêpes à la giboulée de cerises flambées
 à l'amaretto 130
Crêpes sucrées à la farine de froment 21

Liqueur de café
Tiramicreps 126

Pastis
Bouchées châtaigne-carotte-pastis...........................54
Galettes de blé noir (farine de sarrasin) 22

Rhum
Crêpes strudel 115
Aumônières au cœur coulant de chocolat 128
Aumônières de pêches pochées au vin doux et
 thym frais..144
Cigares de crêpes à la rhubarbe épicée...................84
Crêpes à l'ananas caramélisé à l'anis 146
Crêpes à la crème de pain d'épices 92
Crêpes à la mousse de fraise nappées de
 caramel balsamique 143
Crêpes aphrodisiaques aux poires et
 gingembre confit 109
Crêpes au caramel au beurre salé et croûtons
 croustillants de pain d'épices 112
Crêpes au confit mangue-coco-citron vert 131
Crêpes au miel et aux fruits secs 103
Crêpes aux poires et à la réglisse 108
Crêpes flambées à la banane 82
Crêpes meringuées à la crème... de crème
 de marron 132
Crêpes pomme-coing-cannelle 135
Crêpes slaves au fromage blanc et raisins secs 106
Crêpes strudel 115
Crêpes sucrées à la farine de froment 21
Gâteau de crêpes façon Pim's 90
Pancakes de coco à l'ananas 138

Rinquinquin (vin de pêche)
Crêpes aux nectarines grillées, romarin et
 rinquinquin 118

Schnaps
Crêpes strudel 115

Vin
Vin blanc sec de Touraine
Caprinettes de Touraine 35
Vin d'orange
Crêpes aux nectarines grillées, romarin et
 rinquinquin 118
Vin doux
Aumônières de pêches pochées au vin doux et
 thym frais..144

Williamine
Crépiaux aux pommes et cognac 134

Index par ingrédients **159**

Index alphabétique des recettes

Aumônières au cœur coulant de chocolat 128
Aumônières aux mirabelles vanillées 142
Aumônières de pêches pochées au vin doux et
thym frais...144
Banana pancakes 96
Beignets de crêpes ibériques 98
Blinis à la crème d'œufs de saumon.........................56
Blinis express 27
Blinis moelleux de polenta aux cèpes......................48
Bouchées châtaigne-carotte-pastis 54
Caprinettes de Touraine 35
Carrot crêpes...140
Cigares de crêpes à la rhubarbe épicée...................84
Clafouticrep'..114
Cornets exotiques au poulet coco............................50
Crêpe façon « cheese nan »......................................57
Crêpes à l'ananas caramélisé à l'anis 146
Crêpes à l'eau 25
Crêpes à la bière...26
Crêpes à la compotée d'abricots à la lavande 121
Crêpes à la crème d'amande et cerises Amarena 125
Crêpes à la crème de pain d'épices 92
Crêpes à la farine de châtaigne 23
Crêpes à la giboulée de cerises flambées
à l'amaretto 130
Crêpes à la mousse de fraise nappées de
caramel balsamique 143
Crêpes à pois 44
Crêpes aphrodisiaques aux poires et
gingembre confit 109
Crêpes au caramel au beurre salé et
croûtons croustillants de pain d'épices 112
Crêpes au confit mangue-coco-citron vert 131
Crêpes au lait d'amande 24
Crêpes au lait de coco et coulis de kiwi 102
Crêpes au lard fumé 34
Crêpes au lemon curd et sésame noir 80
Crêpes au miel et aux fruits secs 103
Crêpes aux abricots et sirop d'orgeat 124
Crêpes aux framboises et à la rose 110
Crêpes aux nectarines grillées, romarin et
rinquinquin...118
Crêpes aux poires et à la réglisse 108
Crêpes bleues à l'orange 94
Crêpes choco framboise 116
Crêpes de châtaigne aux patates douces et
oignons rouges 43
Crêpes dentelle 97
Crêpes flambées à la banane 82
Crêpes meringuées à la crème…
de crème de marron 132
Crêpes mille trous de Khadija 100
Crêpes pomme-coing-cannelle 135
Crêpes salées à la farine de froment 20
Crêpes slaves au fromage blanc et raisins secs 106
Crêpes soufflées au cassis 86
Crêpes strudel 115
Crêpes sucrées au froment..21
Crépiaux aux courgettes râpées 58
Crépiaux aux pommes et cognac 134
Galette au caviar d'aubergines et
graines de grenade 60
Galettes à la farine de lentille et andouille
de Guémené 46
Galettes à la libanaise : aubergines, tomates,
coriandre 70
Galettes au bœuf, sésame et mimolette vieille 62
Galettes au boudin antillais et pommes fruits 68
Galettes au haddock et épinard sauce hollandaise 74
Galettes basques au fromage de brebis et
confiture de cerises noires 52
Galettes de blé noir (farine de sarrasin) 22
Gâteau de crêpes façon Pim's 90
Gâteau de crêpes girly aux fraises Tagada............104
Gratin de galettes au jambon 47
La complète au sarrasin 38
Lasagnes de crêpes à la bolognaise 64
Mini-aumônières de veau au citron.........................66
Mini-bouchées orientales à l'agneau.......................40
Mini-crêpes choco-guimauve 122
New York cheesecrep'..139
Pancakes au riz au lait vanillé et myrtilles 136
Pancakes aux flocons d'avoine et abricots secs 120
Pancakes de coco à l'ananas 138
Pancakes...28
Sandwiches de mini-crêpes tout choco 88
Tapas d'anchois et pimientos del piquillo 32
Tiramicreps 126
Tortilla de pommes de terre et fromage filant 36
Tourbillons de blé noir au saumon fumé 76
Wraps au bacon et avocat 72

Des crêpes pour chaque saison

Au printemps
Mini-bouchées orientales à l'agneau..........................40
Crêpes à pois 44
Mini-aumônières de veau au citron............................66
Clafouticrep'..114
Crêpes à la giboulée de cerises flambées
à l'amaretto 130
Carrot crêpes..140
Aumônières aux mirabelles vanillées 142
Cornets exotiques au poulet coco..............................50

En été
Crépiaux aux courgettes râpées 58
Galette au caviar d'aubergines et graines
de grenade 60
Galettes à la libanaise : aubergines, tomates,
coriandre 70
Cigares de crêpes à la rhubarbe épicée....................84
Crêpes aux framboises et à la rose 110
Crêpes choco framboise 116
Crêpes aux nectarines grillées, romarin et
rinquinquin 118
Crêpes à la compotée d'abricots à la lavande 121
Crêpes aux abricots et sirop d'orgeat 124
Pancakes au riz au lait vanillé et myrtilles 136
Carrot crêpes..140

En automne
Crêpes de châtaigne aux patates douces et
oignons rouges 43
Galettes à la farine de lentille et andouille
de Guéméné 46
Blinis moelleux de polenta aux cèpes........................48
Galettes au boudin antillais et pommes fruits 68
Galettes au haddock et épinard sauce hollandaise......74
Crêpes soufflées au cassis 86
Crêpes aux poires et à la réglisse 108
Crêpes aphrodisiaques aux poires et
gingembre confit 109
Crêpes strudel 115
Crépiaux aux pommes et cognac 134
Crêpes pomme-coing-cannelle 135
Carrot crêpes..140

En hiver
Tortilla de pommes de terre et fromage filant 36
Bouchées châtaigne-carotte-pastis 54
Wraps au bacon et avocat 72
Crêpes au lemon curd et sésame noir 80
Crêpes flambées à la banane 82
Crêpes à la crème de pain d'épices 92
Crêpes bleues à l'orange 94
Banana pancakes 96
Crêpes au lait de coco et coulis de kiwi 102
Crêpes au confit mangue-coco-citron vert 131
Pancakes de coco à l'ananas 138
Carrot crêpes..140
Crêpes à l'ananas caramélisé à l'anis 146

Et pour toute l'année…
Crêpes salées à la farine de froment 20
Crêpes sucrées au froment..21
Galettes de blé noir (farine de sarrasin) 22
Crêpes à la farine de châtaigne 23
Crêpes au lait d'amande 24
Crêpes à l'eau 25
Crêpes à la bière...26
Blinis express 27
Pancakes..28
Tapas d'anchois et pimientos del piquillo 32
Crêpes au lard fumé 34
Caprinettes de Touraine 35
La complète au sarrasin 38
Gratin de galettes au jambon 47
Cornets exotiques au poulet coco..............................50
Galettes basques au fromage de brebis et
confiture de cerises noires 52
Blinis à la crème d'œufs de saumon..........................56
Crêpe façon « cheese nan »......................................57
Galettes au bœuf, sésame et mimolette vieille.........62
Lasagnes de crêpes à la bolognaise 64
Tourbillons de blé noir au saumon fumé 76
Sandwiches de mini-crêpes tout choco 88
Gâteau de crêpes façon Pim's 90
Crêpes dentelle..97
Beignets de crêpes ibériques.....................................98
Crêpes mille trous de Khadija 100
Crêpes au miel et aux fruits secs 103
Gâteau de crêpes girly aux fraises Tagada.............104
Crêpes slaves au fromage blanc et raisins secs 106
Crêpes au caramel au beurre salé et croûtons
croustillants de pain d'épices 112
Pancakes aux flocons d'avoine et abricots secs 120
Mini-crêpes choco-guimauve 122
Crêpes à la crème d'amande et cerises Amarena 125
Tiramicreps 126
Aumônières au cœur coulant de chocolat 128
Crêpes meringuées à la crème… de
crème de marron...132
New York cheesecrep'..139

Des crêpes pour chaque repas

Pour le petit déjeuner
Banana pancakes 96
Crêpes mille trous de Khadija 100
Crêpes au miel et aux fruits secs 103
Pancakes aux flocons d'avoine et
Carrot crêpes...140

Pour le déjeuner
La complète au sarrasin 38
Gratin de galettes au jambon 47
Crêpe façon « cheese nan »..............................57
Galettes à la libanaise : aubergines, tomates,
   coriandre 70
Wraps au bacon et avocat 72
Crêpes à la crème de pain d'épices 92
Beignets de crêpes ibériques 98
Crêpes au lait de coco et coulis de kiwi 102
Crêpes au miel et aux fruits secs 103
Crêpes slaves au fromage blanc et raisins secs 106
Crêpes aux nectarines grillées, romarin et
   rinquinquin...118
Crêpes à la compotée d'abricots à la lavande 121
Crêpes aux abricots et sirop d'orgeat 124
Crêpes au confit mangue-coco-citron vert 131
Crêpes pomme-coing-cannelle 135
Crêpes à la mousse de fraise nappées de
   caramel balsamique 143
Aumônières de pêches pochées au vin doux et
   thym frais...144

Pour le dîner
Galettes à la farine de lentille et andouille de
   Guéméné 46
Cornets exotiques au poulet coco.....................50
Galettes basques au fromage de brebis et
confiture de cerises noires 52
Crépiaux aux courgettes râpées 58
Galettes au bœuf, sésame et mimolette vieille..........62
Lasagnes de crêpes à la bolognaise 64
Galettes au boudin antillais et pommes fruits.........68
Galettes au haddock et épinard sauce hollandaise 74
Crêpes au lemon curd et sésame noir 80
Gâteau de crêpes façon Pim's 90
Crêpes bleues à l'orange 94
Crêpes aux poires et à la réglisse 108
Crêpes slaves au fromage blanc et raisins secs, 106
Crêpes strudel 115
Crêpes à la compotée d'abricots à la lavande 121
Crêpes aux abricots et sirop d'orgeat 124
Crêpes à la crème d'amande et cerises Amarena 125
Tiramicreps 126
Crêpes pomme-coing-cannelle 135
New York cheesecrep'......................................139
Aumônières aux mirabelles vanillées 142
Aumônières de pêches pochées au vin doux et
   thym frais...144

Des crêpes pour chaque occasion

Pour un goûter d'enfants
Sandwiches de mini-crêpes tout choco 88
Gâteau de crêpes façon Pim's 90
Crêpes à la crème de pain d'épices 92
Crêpes dentelle..97
Beignets de crêpes ibériques 98
Crêpes au lait de coco et coulis de kiwi 102
Gâteau de crêpes girly aux fraises Tagada............104
Crêpes au caramel au beurre salé et croûtons
   croustillants de pain d'épices 112
Clafouticrep'...114
Crêpes choco framboise 116
Mini-crêpes choco-guimauve 122
Crêpes aux abricots et sirop d'orgeat 124
Aumônières au cœur coulant de chocolat 128
Crêpes meringuées à la crème… de crème
   de marron 132
Crêpes pomme-coing-cannelle 135
Pancakes au riz au lait vanillé et myrtilles 136
Pancakes de coco à l'ananas 138
New York cheesecrep'......................................139
Carrot crêpes...140

Pour un dîner chic
Blinis moelleux de polenta aux cèpes......................48
Galettes basques au fromage de brebis et
confiture de cerises noires 52
Bouchées châtaigne-carotte-pastis 54
Blinis à la crème d'œufs de saumon................56
Galettes au bœuf, sésame et mimolette vieille..........62
Tourbillons de blé noir au saumon fumé 76
Crêpes au lemon curd et sésame noir 80
Crêpes soufflées au cassis 86
Gâteau de crêpes façon Pim's 90
Crêpes bleues à l'orange 94
Crêpes aux framboises et à la rose 110
Crêpes au caramel au beurre salé et croûtons
   croustillants de pain d'épices 112

162   Des crêpes pour chaque repas

Crêpes aux nectarines grillées, romarin et rinquinquin 118
Crêpes à la compotée d'abricots à la lavande 121
Crêpes à la crème d'amande et cerises Amarena 125
Aumônières au cœur coulant de chocolat 128
Crêpes à la giboulée de cerises flambées à l'amaretto 130
Crêpes meringuées à la crème… de crème de marron 132
Crépiaux aux pommes et cognac 134
Aumônières aux mirabelles vanillées 142
Crêpes à la mousse de fraise nappées de caramel balsamique..143
Aumônières de pêches pochées au vin doux et thym frais...144
Crêpes à l'ananas caramélisé à l'anis 146

Sur un buffet

Tapas d'anchois et pimientos del piquillo 32
Mini-bouchées orientales à l'agneau........................40
Blinis moelleux de polenta aux cèpes........................48
Bouchées châtaigne-carotte-pastis 54
Blinis à la crème d'œufs de saumon..........................56
Mini-aumônières de veau au citron............................66
Tourbillons de blé noir au saumon fumé 76
Cigares de crêpes à la rhubarbe épicée....................84
Sandwiches de mini-crêpes tout choco 88
Crêpes mille trous de Khadija 100
Mini-crêpes choco-guimauve 122
Carrot crêpes...140

À emporter en pique-nique

Tapas d'anchois et pimientos del piquillo 32
Crépiaux aux courgettes râpées 58
Galette au caviar d'aubergines et graines de grenade 60
Mini-aumônières de veau au citron............................66
Wraps au bacon et avocat 72
Tourbillons de blé noir au saumon fumé 76
Cigares de crêpes à la rhubarbe épicée....................84
Crêpes à la crème de pain d'épices 92
Crêpes dentelle..97
Beignets de crêpes ibériques 98
Clafouticrep'..114
Mini-crêpes choco-guimauve 122
Crêpes au confit mangue-coco-citron vert 131
Pancakes au riz au lait vanillé et myrtilles 136
Pancakes de coco à l'ananas 138
Carrot crêpes...140

À déguster en tête-à-tête

Mini-bouchées orientales à l'agneau........................40
Blinis moelleux de polenta aux cèpes........................48
Blinis à la crème d'œufs de saumon..........................56
Mini-aumônières de veau au citron............................66
Tourbillons de blé noir au saumon fumé 76
Crêpes au lemon curd et sésame noir 80
Crêpes flambées à la banane 82
Crêpes soufflées au cassis 86
Crêpes bleues à l'orange 94
Crêpes aphrodisiaques aux poires et gingembre confit 109
Crêpes slaves au fromage blanc et raisins secs 106
Crêpes aux framboises et à la rose 110
Crêpes au caramel au beurre salé et croûtons croustillants de pain d'épices 112
Mini-crêpes choco-guimauve 122
Crêpes à la crème d'amande et cerises Amarena 125
Aumônières au cœur coulant de chocolat 128
Crêpes à la giboulée de cerises flambées à l'amaretto 130
Crépiaux aux pommes et cognac 134
Aumônières aux mirabelles vanillées 142
Crêpes à la mousse de fraise nappées de caramel balsamique..143
Aumônières de pêches pochées au vin doux et thym frais...144

Les crêpes pour les fauchés

Tortilla de pommes de terre et fromage filant 36
Bouchées châtaigne-carotte-pastis 54
Crépiaux aux courgettes râpées 58
Lasagnes de crêpes à la bolognaise 64
Crêpes flambées à la banane 82
Crêpes bleues à l'orange 94
Banana pancakes 96
Crêpes mille trous de Khadija 100
Crêpes strudel..115
Crêpes choco framboise 116
Pancakes aux flocons d'avoine et abricots secs 120

Des crêpes pour tous les goûts

Les crêpes aux fruits

Crêpes flambées à la banane 82
Cigares de crêpes à la rhubarbe épicée....................84
Crêpes soufflées au cassis 86
Crêpes bleues à l'orange 94
Banana pancakes 96
Crêpes au lait de coco et coulis de kiwi 102
Crêpes aux poires et à la réglisse 108
Crêpes aux framboises et à la rose 110

Clafouticrep'...114
Crêpes strudel 115
Crêpes choco framboise 116
Crêpes aux nectarines grillées, romarin et
　　rinquinquin 118
Crêpes à la compotée d'abricots à la lavande 121
Crêpes aux abricots et sirop d'orgeat 124
Crêpes à la giboulée de cerises flambées
　　à l'amaretto 130
Crêpes au confit mangue-coco-citron vert 131
Crépiaux aux pommes et cognac 134
Crêpes pomme-coing-cannelle 135
Pancakes au riz au lait vanillé et myrtilles 136
Pancakes de coco à l'ananas 138
Aumônières aux mirabelles vanillées 142
Crêpes à la mousse de fraise nappées de
　　caramel balsamique 143
Crêpes à l'ananas caramélisé à l'anis 146

Les crêpes végétariennes
Tapas d'anchois et pimientos del piquillo 32
Crêpes de châtaigne aux patates douces et
　　oignons rouges 43
Crêpes à pois 44
Blinis à la crème d'œufs de saumon 56
Crépiaux aux courgettes râpées 58
Galette au caviar d'aubergines et graines de
　　grenade 60
Galettes à la libanaise : aubergines, tomates,
　　coriandre 70
Tourbillons de blé noir au saumon fumé 76

Les crêpes d'ailleurs
Mini-bouchées orientales à l'agneau 40
Crêpes de châtaigne aux patates douces et
　　oignons rouges 43
Cornets exotiques au poulet coco 50
Crêpe façon « cheese nan » 57
Galette au caviar d'aubergines et graines de
　　grenade 60
Galettes au boudin antillais et pommes fruits 68
Galettes à la libanaise : aubergines, tomates,
　　coriandre 70
Crêpes au lemon curd et sésame noir 80
Banana pancakes 96
Beignets de crêpes ibériques 98
Crêpes mille trous de Khadija 100
Crêpes slaves au fromage blanc et raisins secs 106
Crêpes strudel 115
Tiramicreps 126
Crêpes au confit mangue-coco-citron vert 131
Pancakes de coco à l'ananas 138
New York cheesecrep'..139

Carrot crêpes..140

Les crêpes du terroir
Crêpes au lard fumé 34
Caprinettes de Touraine 35
La complète au sarrasin 38
Galettes à la farine de lentille et andouille de
　　Guéméné 46
Galettes basques au fromage de brebis et
　　confiture de cerises noires 52
Crêpes dentelle 97
Crépiaux aux pommes et cognac 134
Aumônières aux mirabelles vanillées 142

Et... mes recettes préférées

Mini-bouchées orientales à l'agneau 40
Crêpes de châtaigne aux patates douces et
　　oignons rouges 43
Crêpes à pois 44
Blinis moelleux de polenta aux cèpes 48
Cornets exotiques au poulet coco 50
Galette au caviar d'aubergines et graines de
　　grenade 60
Mini-aumônières de veau au citron 66
Galettes à la libanaise : aubergines, tomates,
　　coriandre 70
Crêpes au lemon curd et sésame noir 80
Cigares de crêpes à la rhubarbe épicée 84
Beignets de crêpes ibériques 98
Crêpes mille trous de Khadija 100
Gâteau de crêpes girly aux fraises Tagada.............104
Crêpes slaves au fromage blanc et raisins secs 106
Crêpes au caramel au beurre salé et croûtons
　　croustillants de pain d'épices 112
Crêpes strudel 115
Crêpes choco framboise 116
Crêpes aux nectarines grillées, romarin et
　　rinquinquin 118
Crêpes à la compotée d'abricots à la lavande 121
Mini-crêpes choco-guimauve 122
Tiramicreps 126
Crêpes à la giboulée de cerises flambées
　　à l'amaretto 130
Crêpes meringuées à la crème... de crème
　　de marron 132
Pancakes au riz au lait vanillé et myrtilles 136
Carrot crêpes..140
Crêpes à la mousse de fraise nappées de
　　caramel balsamique 143

Pour en savoir plus sur les crêpes

Un peu d'Histoire…

La crêpe et nos assiettes, c'est une longue histoire puisque les premières galettes, simple mélange de farine et d'eau sont apparues vers 7000 !

On en retrouve à travers les siècles dans toutes les civilisations, sous toutes les formes, réalisées à partir de farines variées (blé, riz, mais aussi d'autres céréales).

C'est vers le XIIe siècle que la Bretagne devient le royaume du blé noir car le sarrasin rapporté d'Asie par les croisés y est rapidement cultivé, le climat breton étant idéal pour son développement. D'abord utilisé dans la confection du pain, le sarrasin devient l'ingrédient de base des galettes un siècle plus tard. Les crêpes de sarrasin étaient obtenues en battant longuement la pâte « au poing » et se cuisaient, sur les deux faces, sur deux tuiles, pierres ou biligs en fonte qui firent leur apparition au XVe siècle.

Elles étaient d'abord utilisées pour enrichir les soupes, bouillies ou bouillons, coupées en lamelles. On les consommait aussi sucrées, en enrichissant la pâte de miel et d'épices.

Les crêpes à la farine de froment sont, elles, beaucoup plus récentes puisque ce n'est qu'à la fin du XIXe siècle qu'elles se répandent sur nos tables, à cause du coût extrêmement élevé de la farine de froment jusqu'à cette époque. C'est donc d'abord un met de choix. Avec la démocratisation de la farine de froment naît un engouement pour les crêpes. Elles sont aussi fines que les « crêpes » de sarrasin, mais plus souples grâce aux œufs, au lait et au beurre qu'elles contiennent. Elles peuvent être garnies de multiples façons : beurre, sucre, miel, chocolat, fruits frais et compotes, etc.

Le tour du Monde des crêpes

Si les crêpes ont existé presque de tout temps, elles existent aussi sous toutes les latitudes ou elles occupent parfois une place centrale sur la table. En voici quelques exemples :

Aux États-Unis et au Canada, les fameux pancakes occupent une place de choix dans l'assiette du petit déjeuner. Ces petites crêpes épaisses sont traditionnellement servies arrosées de sirop d'érable et accompagnées de fruits frais.

Au Royaume-Uni, ce sont les crumpets qui s'apprécient au petit déjeuner. Ces petites crêpes très levées et épaisses sont remplies d'alvéoles qui accueillent beurre fondu et confitures.

En Russie, le blinis, petite crêpe levée à la levure de boulanger est le support idéal pour déguster le caviar. En Europe centrale, les palatschinken, sorte de pancakes très fins, se mangent à midi ou le soir.

En Inde, le dosa est une crêpe à base de farine de riz et de lentilles cuite d'un seul côté, qui se déguste au petit déjeuner ou au dîner.

En Éthiopie, l'injera est une crêpe acide fermentée et levée, aplatie et ronde, qui constitue le pain. Il est fabriqué à partir du teff : un type de très petit mil, et accompagne tous les repas.

Au Japon, on déguste l'okonomiyaki, petite crêpe cuite sur une plaque de fer dont la pâte est enrichie d'un mélange de morceaux de viande, de fruits de mer, d'œufs et de chou. On la trouve dans de nombreux restaurants d'Osaka dont c'est la spécialité.

En Chine, le fameux canard laqué est servi avec de petites crêpes moelleuses dans lesquelles on enroule la chair préalablement trempée dans la sauce.

Comme le pain, la crêpe est donc un dénominateur commun à toutes les cuisines !

La Chandeleur

La Chandeleur, qui a lieu le 2 février, est avant tout une fête religieuse. Cette fête chrétienne s'accompagnait autrefois d'une procession aux chandelles (cierges allumés)… D'où le nom de Chandeleur.

Mais la Chandeleur, c'est aussi (et surtout !) le jour des crêpes ! Deux hypothèses expliquent cette association : les crêpes sont peut-être une « évolution » des galettes de céréales que mangeaient les Romains lors des fêtes des Lupercales, ou bien alors la forme ronde et la couleur dorée de la crêpe rappelleraient le soleil, donc la lumière et le renouveau associés à cette date.

La crêpe porte bonheur

Les crêpes ont toujours été associées à quelque superstition… :

- si vous réussissez à faire sauter les crêpes en tenant un Louis d'or dans la main (avec un euro ça marche aussi…), vous voilà assuré de connaître une année prospère ;
- mesdemoiselles, si vous réussissez à faire sauter 6 crêpes d'affilée, vous serez mariées dans l'année !
- une fois mariée, il vous faudra, comme il était d'usage en Bretagne, jeter une crêpe sur le haut de l'armoire de votre nouveau foyer, afin d'assurer le bonheur dans la maison.

À vous d'inventer les vôtres !

Remerciements

Merci à toute ma famille pour avoir goûté toutes ces créations.
À Maman pour ses conseils toujours avisés et son bon goût.
À Papa pour toutes les crêpes qu'il a goûté avec plaisir sans jamais se lasser !
À Benjamin pour ses tendres encouragements et sa gourmandise.
À Raffaella pour sa fabuleuse recette de patates douces.
À Monike pour ses dons de traductrice et de documentaliste !
À Julie Andrieu qui m'a mis le pied à l'étrier, fait confiance et avec qui j'ai tout appris.
Et enfin et surtout à ma Grand-mère Francette qui m'a donné le goût du bon.

Louise Denisot

**Philippe Asset et Nilaya Adji remercient chaleureusement
les boutiques et marques suivantes :**

- **C'est dit c'est écrit**, 5 rue Laugier, 75017 Paris, www.cditcecrit.com, pour la planche Totally Bamboo de la p. 32 et le moulin à poivre William Bounds de la p. 52 ;
- **L'agence Piétri**, 67 avenue Raymond-Poincaré, 75116 Paris et **Geneviève Lethu**, www.genevievelethu.fr, pour les ustensiles des pp. 13 et 14 ;
- **The Conran Shop**, 117 rue du Bac, 75007 Paris, www.conranshop.fr pour les assiettes et bols Seletti, les serviettes, torchons, pichet, tablier et tasse Bodum des pp. 38, 58, 70, 100, 106, 144 et 146 ;
- **Au fil des couleurs**, 31 rue de l'Abbé-Grégoire, 75006 Paris, www.aufildescouleurs.com, pour les papiers peints des pp. 58 et 90 ;
- **Ressource**, 2-4 avenue du Maine, 75015 Paris, www.ressource-peintures.com, pour les peintures des fonds (réf. HC16, I15, C19) des pp. 58, 80 et 118 ;
- **¿adónde ?**, 8 rue Lemercier, 75017 Paris, www.adonde.fr, pour les assiettes des pp. 36 et 90 ;
- **Jeannine Cros**, 11 rue d'Assas, 75006 Paris, pour les nappes et torchons des pp. 36, 38, 94, 98 et 118 ;
- **Muji**, 47 rue des Francs-Bourgeois, 75004 Paris, www.muji.fr, pour les cuillères, assiettes, soucoupes et tablier des pp. 70, 100, 106 et 146 ;
- **Astier de Villatte**, 173 rue Saint-Honoré, 75001 Paris, www.astierdevillatte.com, pour les assiettes, pichet et tasse de la p. 80 ;
- **Gargantua**, 1 rue Charlemagne, 75004 Paris, www.gargantua.ch, pour l'assiette de la p. 94 ;
- **Corner Shop**, 3 rue Saint-Paul, 75004 Paris, pour le pichet Raman de la p. 94 et la coupelle Tomita de la p. 144 ;
- **IKEA**, www.ikea.fr, pour les couverts, assiettes et la boîte des pp. 98, 100 et 106 ;
- **Habitat**, www.habitat.fr, pour le verre de la p. 100 ;
- **Virebent**, 7 rue Bréguet, 75011 Paris, www.virebent.com, pour la cuillère de la p. 118 ;
- **CMO**, 5 rue Chabanais, 75002 Paris, pour le tissu de la p. 146 ;
- **Caroline Gomez**, www.carolinegomez.canalblog.com pour le plateau de la p. 146.

Philippe Asset remercie Christeline Cousin-Cluzet.

Crédits photos

Philippe Asset : pp. 8, 10, 12, 13, 14, 16, 17, 18, 30, 33, 41, 45, 49, 51, 53, 55, 61, 63, 65, 67, 69, 73, 75, 78, 83, 85, 87, 89, 93, 105, 111, 113, 117, 123, 127, 129, 133, 137, 141.

Lisa Ange, Nilaya Adji : pp. 37, 39, 59, 70, 81, 91, 95, 99, 101, 107, 119, 145, 147.

**L'auteur, les stylistes et l'éditeur remercient Tefal pour le prêt de l'appareil
Crep'Party Dual pour la réalisation des recettes.**

Ouvrage publié sous la direction de Laure Paoli

Réalisation éditoriale : Myrtille Chareyre
Mise en pages : Brice Mercier
Photographies : Philippe Asset, Lisa Ange
Stylisme : Philippe Asset, Nilaya Adji

Achevé d'imprimer en France sur les presses de Pollina

Éditions Albin Michel
22, rue Huyghens 75014 Paris
www.albin-michel.fr

ISBN : 978-2-286-18748-2
N° d'édition : 25981 – N° d'impression : L48888
Dépôt légal : janvier 2009
Imprimé en France.